ANTES DE MORIR

Laura Rosa María Bruzzese

EDIQUID

ANTES DE MORIR
@ Laura Rosa María Bruzzese, 2020
© Editorial Ígneo Internacional, SAC, 2020
© Para esta edición con el sello Ediquid, 2020
Lima, Perú

www.grupoigneo.com
Correo electrónico: contacto@grupoigneo.com
Facebook: Grupo Ígneo | Twitter: @editorialigneo | Instagram: @grupoigneo

Diseño de portada: Oriana Vargas

Colección: Integrales

ISBN: 978-980-7641-80-7
Depósito legal: DC2020000894

ÍNDICE

INTRODUCCIÓN

Es para mí un placer y un gran orgullo hacer realidad este libro que surgió lamentablemente del dolor, a raíz del fallecimiento de mi hijo más chico, Javier.

Es una creación real en el que volqué todas mis emociones y sentir, y que fue un gran desahogo espiritual y del alma durante casi tres años seguidos.

He tenido la dicha de que aparecieran en mi camino personas que me brindaron apoyo espiritual, especialmente en esos momentos, lo cual me ayudó muchísimo a sobrellevar la pérdida de mi hijo. La tanatóloga Sonia Raquel Ramírez me sugirió que escribiera lo que sentía, y me llamó mucho la atención que me dijera que en ocasiones las mejores obras nacen del dolor. Encontré mucha paz al comenzar a hacerlo.

Así fue como empecé a escribir día a día lo que sentía, lo que me iba sucediendo con el corazón y con el alma. Esta obra es un testimonio real genuino, que tomé la decisión de publicarlo no solo como una gran satisfacción personal, sino también para compartir con ustedes, queridos lectores, mi experiencia de vida acerca de cómo atravesar mi duelo, cómo seguir día a día y cómo transformar el dolor en amor. Sentía que tenía que hacer algo para que mi hijo trascendiera —como yo creo— desde el amor, así como para recordar cada etapa de la vida de mi hijo, algo que me hizo sentir que lo estaba viviendo otra vez. Era como volver a recordarlo en cada momento y plasmarlo en esta obra que podría llegar a ayudar a madres y padres que han pasado o están pasando por tan difícil y dura situación.

La intención de *Antes de morir* es dar a conocer que se puede seguir, transformando la manera de vivir; por supuesto, mentiría si dijera que el dolor ya no existe, el dolor aún está, y eso es una realidad. Jamás se irá. La muerte de un hijo no tiene nombre, pero aprendí que tenía que seguir por mis otros hijos, nieto, esposo y por mí, lógicamente, y busqué la mejor manera: HACER PARA PODER SER. No importa lo que hagas, pero sí buscar el camino, la luz que te lleve a una paz en la que puedas entregar todo ese amor que te dio tu hijo y volcarlo en tu HACER.

Entendí que Dios me dio una vida, y no debo transcurrirla, debo vivirla. Claro que ya no es lo mismo ni tampoco será igual, con ese dolor en el pecho que jamás se irá, pero sí puedo continuar de la mano de mi Dios o mi ser superior mi certeza de vida, mis recursos, mis herramientas que yo me propuse buscar; en primer lugar, el apoyo en mi familia, mis hijos, nieto, esposo, talleres de duelo, terapia psicológica, diplomado en tanatología, así como también cursos y seminarios. No es fácil pero tampoco imposible, busquemos lo que nos reconforta.

En la naturaleza está nuestro ser, por formar parte del universo, y como sabemos somos seres limitados. Sé y estoy segura de que algún día volveré a encontrarme con mi hijo. Espero que después de leer este libro puedan abrir sus corazones y con todo el respeto que se merecen los dolientes, este libro sea de gran ayuda por ser un testimonio real.

No es nada fácil, es un desafío diario enfrentar esa pérdida tan grande, pero sí podemos llevar una mejor calidad de vida y sobre todo ayudar, servir y enaltecer a nuestro ser y hacerle el mejor honor para él. Voy a cerrar con una bonita frase, ya que esta obra la considero como mi primer hijo espiritual. No te acerques a mi tumba sollozando, no estoy ahí, estoy en el viento que te acaricia, en aquella flor, en las estrellas que brillan, en la sonrisa de tus hijos, por eso te digo que no estoy ahí, estoy en tu corazón, en tu recuerdo, en tu mente y en tu piel. Te abrazo, hijo mío.

PRÓLOGO

Cuando decidí publicar mi libro tuve mucho miedo por no saber cómo comenzar a escribir esta historia, y más aun de no poder terminarla por no tener los conocimientos suficientes, con poca trayectoria profesional. Pero luego comprendí que tenía que dejar el miedo de lado, porque es una historia verídica, de la cual no debía de inventar nada ni imaginar, solo dejar que fluyera lo que quería expresar, y encontré la mejor forma de escribir sin términos rebuscados, con un lenguaje entendible y con un contenido muy emotivo.

Al leer esta obra te surgirán muchos sentimientos y emociones, que serán de gran impacto ya que en estas páginas encontrarás cómo las cosas pueden cambiar en tan solo un segundo.

Esta obra es una historia verídica, con testimonios genuinos y personajes reales. Es para mí una gran inspiración poder plasmar en ella todo lo que realmente sentí desde el fondo de mi corazón. Nada es imaginado ni inventado, haciéndolo más atractivo para el lector.

Antes de morir es la biografía de mi hijo Javier, un joven de veintidós años, con todos sus anhelos, ilusiones y proyectos, un joven que fue muy querido y apreciado por mucha gente, una persona que siempre fue feliz. Su corta vida la vivió plenamente, aferrándose a ella con un gran carisma y luchando por llegar y cumplir sus sueños. Un gran deportista, muy alegre y llevando una vida sana, cumpliendo con sus estudios universitarios y de trabajo con entusiasmo y dedicación. Hoy me emocioné muchísimo al poder darle un final a mi obra, y me siento orgullosa de mí misma porque sé que valió la pena el esmero y gracias a la dedicación se hizo realidad.

Antes de morir se propone dar a conocer mediante el testimonio, y describe las características generales del proceso del duelo para poder sobrellevar la pérdida de un hijo, sugiriendo al lector estrategias reales que podrán ayudarlo a atravesar la pérdida de un ser querido.

Es abrir puertas para confrontar el sufrimiento que produce la ausencia del ser amado. Con actitudes positivas y como un proceso humano. Será también una fuente de conocimientos para aliviar el sufrimiento vinculado con las pérdidas.

PALABRAS PRELIMINARES

Estamos conscientes que desde el momento de nacer ya estamos teniendo una pérdida, es decir, estamos en el vientre de nuestra madre para salir al mundo, ese lugar tan perfecto en el cual estuvimos siendo gestados durante nueve meses, teniendo paz y tranquilidad, sintiéndonos totalmente protegidos.

Esta protección y tranquilidad la abandonamos al momento de llegar a este nuevo mundo. Desde ese preciso momento comenzamos a perder. Luego vamos creciendo, desarrollándonos como bebés, niños, adolescentes y adultos, para convertimos en nuestra etapa final en ancianos.

En cada una de esas etapas hay cambios y por ende pérdidas y en ellas nos vamos transformando. En el transcurso de nuestras vidas también podemos perder nuestro trabajo, el emigrar es otra pérdida, un divorcio, cambios de casa, cambios de escuelas, país y obviamente todas las pérdidas materiales.

Estas las podríamos definir como pérdidas más comunes y cotidianas.

Las pérdidas de seres queridos como los hijos, padres, esposos, hermanos, amigos, pérdidas de algún miembro del cuerpo, pérdida de salud, enfermedades, mascotas, son las más complejas por nuestra naturaleza, porque no se nos enseña a perder. Durante el proceso de duelo la pérdida tiene que ser reconocida poco a poco, y seguida de cambios positivos, con nuevas perspectivas que nos permitan seguir adelante, aprendiendo a vivir sin nuestro ser amado. Cuando se trata de la muerte provoca un sentimiento de profunda tristeza, es una reacción normal. En el duelo hay muchas facetas y etapas y es individual, no todos lo sufrimos de igual manera. Muchas veces ese sufrimiento se oculta, se reprime, por eso es muy importante atravesar el duelo y como somos seres limitados nadie se salvará de la muerte. Tenemos que estar preparados espiritualmente y trabajar mucho en ello para una mejor adaptación a la nueva forma de vida sin esa persona.

En este libro he tratado con sumo interés la pérdida de un hijo y cómo llevar a cabo el abordaje, empeñándome en analizar la elaboración del duelo, ya que muchos problemas de salud aquejan a las personas por la relación con un proceso de duelo. He tratado este tema de la forma más abierta, dando mi testimonio verídico para intentar asumir el reto de aprender a vivir con la pérdida de un hijo y aprender a afrontar la adversidad.

La autora

DATOS PERSONALES

Nombre: Javier Andrés Bruzzese

Fecha de nacimiento: 26/11/1994 - 07/10/2017 (Q.E.P.D.)

Estado civil: soltero

Nacionalidad: argentina

Estudios cursados:

Primaria: Instituto Cristo Redentor (Paraná, Argentina)

Secundaria: Calpulli (Monterrey, México)

Preparatoria: Colegio ITESI (Ensenada, Baja California, México)

Universidad: U.A.B.C. (Ensenada, Baja California, México), Ingeniería Industrial, quinto semestre.

Deporte favorito: fútbol. Clubes: Paraná (Argentina), Tigres, U. de Nuevo León, Xolos de Tijuana, Pescadores de Ensenada, Cuervos de Ensenada, Primera Fuerza, Club de Fútbol San Antonio de las Minas, Ensenada Baja California, entre otros (todos de México).

Equipo favorito: Club Atlético Independiente, Club Paraná.

PARTE 1

BIOGRAFÍA DE JAVIER

Javier nació el 26 de noviembre de 1994 en Mar del Plata, Buenos Aires, Argentina, en la Clínica Avenida a las once y treinta de la mañana, por cesárea. Era un bebé hermoso. Nació colorado, parecía un muñeco muy bello, pesó 3 kg 200 g y tenía como un pegote de sangre en el pelito. Les daba impresión a sus hermanos que ese día fueron a darle la bienvenida. Estaban muy contentos con el nuevo integrante de la familia, su hermanito menor. Era un bebé muy tranquilo, solo dormía y tomaba su leche, no daba trabajo. Su primer nombre Javier lo eligió su hermano Valentín y a Victoria, su hermana mayor, le encantaba jugar con él era como un muñeco. Para ella, Javier fue un niño muy bueno y obediente.

Al cumplir un añito nos fuimos a vivir a Paraná, Entre Ríos, Argentina. De bebé le gustaba mucho acariciar una frazadita muy suavecita con pequeñas bolitas, y con sus deditos se pasaba mucho tiempo haciéndolo. Era muy tranquilo y su chupete no lo dejaba, solo se lo quitaba para comer. Al cumplir su primer añito comenzó a decir algunas palabras. Recuerdo que el pastel se lo hice yo, era de un payasito risueño como él.

Foto de su primer año

Javier transcurrió su infancia en la provincia de Entre Ríos, rodeado por mucho amor de sus padres y hermanos, familiares y amigos. Era muy cariñoso y jamás se despegaba de mí, su madre. A la edad de cuatro años ingresó al Instituto Cristo Redentor de la ciudad de Paraná, en el cual realizó sus estudios desde jardín de infantes hasta el primer año de la secundaria. A los seis años fue su primer día de clases. Se veía muy nervioso por su nuevo ambiente escolar. Cuando llegamos a su colegio no soltaba mi mano, pero al llegar la hora de entrada me miró con esos ojitos que dejaba caer una lagrimita. Tenía mucho miedo, supongo como todos al despegarse de su hogar por cinco horas ya no sería diversión, sino más bien a aprender con un poco más de disciplina, pero solo movió su manita diciéndome «chau, mami», yo me fui con un nudo en mi garganta, pero bueno, es parte de la vida.

Foto del primer día de clases

A los siete años fue cuando comenzó su inclinación por el fútbol. Lo inscribimos en el club Paraná, en el cual se destacó mucho por su gran habilidad y su rapidez para correr con la pelota. Era delantero, y junto con su compañero y amigo, Marianito Tonello, en la cancha formaban un excelente dúo que hacía muchos pases que terminaban en jugadas exitosas.

Foto de su primer club de fútbol

A los ocho años participó en un torneo de fútbol en la ciudad de Santa Fe. Ese fue su primer campeonato fuera de la ciudad. Recuerdo que se divirtieron bastante. Fueron tres días, y lo acompañé junto a otras madres. No paró de reír y hacer bromas con sus amigos, como era su costumbre. Un gran carisma desde niño.

Foto del primer campeonato

Todos los domingos tenían partidos y yo junto a él, siempre acompañándolo y echándole porras. Verlo jugar era mi ilusión. Hizo muchos amigos tanto en el fútbol como en la escuela.

Marianito Tonello, Franco Vargas, Pablito Santucho, Jonathan, Pancho y muchos más, que de momento no recuerdo sus nombres. Al cumplir Javier los nueve años, su padre se trasladó a México por razones laborales. Pasó un año y viajamos toda la familia.

Estábamos en Pachuca, en el estado de Hidalgo, donde se integró al equipo del Pachuca (Tuzos), pero solo fueron cuatro meses, ya que por razones familiares nos regresamos nuevamente a Argentina.

Foto estadio de Pachuca

Pasó mayormente su infancia y adolescencia con la ausencia de su padre, lo cual fue muy difícil para Javier. Yo fui para él el sostén y su pilar y así fue, lo apoyé muchísimo en esa gran ausencia paternal, en la cual sufría mucho por no poder compartir con su padre lo que más le gustaba, el fútbol, y otros momentos más como muchos otros niños. Cuando regresamos a Argentina volvimos a radicarnos en Paraná hasta que Javier cumplió 14 años. Pasamos momentos muy difíciles puesto que yo tenía dos trabajos para poder sostener los gastos de la casa, pero Javier siempre fue un chico muy obediente y el tiempo que pasaba solo en mis horas de trabajo las aprovechaba sanamente, estudiando o haciendo deporte. Él era muy detallista; recuerdo que en un cumpleaños mío guardó su dinero que yo le proporcionaba para sus dulces que se llevara a la escuela y él no se lo gastó en una semana, lo ahorró y me esperó con un par de chocolates y una rosa, con una bellísima carta. Era muy sentimental y cariñoso.

A los pocos meses nos fuimos a su ciudad natal, Mar del Plata, y ahí tuvo su primer trabajo a los 14 años. Fue iniciativa de él, en épocas de vacaciones. Era una empresa de tiempo compartido, y su puesto fue el de vendedor, en el cual se desempeñó excelentemente, obtuvo el mayor número de ventas así que le dieron un premio por ser el mejor promotor a tan corta edad. Era muy responsable, se hizo de un grupo muy lindo de compañeros y amigos, donde lo apreciaban y querían muchísimo. A los meses, regresamos nuevamente a México a vivir con sus hermanos Victoria y Valentín, ya que ellos trabajaban en este país. Los extrañábamos mucho y queríamos estar los cuatro juntos.

Al llegar a México en el año 2009, nos reencontramos con sus dos hermanos en Monterrey. Nos quedamos una semana y luego hemos tenido una experiencia maravillosa los cuatro, sus dos hermanos, Javier y yo.

Trasladaron a mis hijos mayores a Ensenada por cuestiones de trabajo, así que emprendimos viaje desde Monterrey a Ensenada. La verdad hemos recorrido hermosos lugares como el Picacho del Diablo. Javier miraba maravillado tanta naturaleza. Fue muy emotivo su hermano Valentín, con tan solo veintiún años en ese tiempo iba al volante haciéndolo de muy buena forma. Llegamos a Mazatlán, una ciudad muy bonita, y ahí estacionamos la pickup Cherokee. Era de noche, pero muy agradable el clima, muy caluroso, y bajamos al mar. Iba también el perrito de mi hija Victoria, un pitbull de nombre Tony. Los cuatro y el perro llegamos al agua de noche, nos divertimos mucho. Javi corría y estaba muy contento por estar juntos otra vez. Fue una gran travesía, un hermoso y largo viaje. Javier tenía la ilusión de jugar nuevamente en un equipo de México, y así fue como después de unos meses regresó a Monterrey a vivir con su padre y allí participó en la academia de Tigres. Él se quedó con su padre por un año, nosotros, sus dos hermanos Victoria, Valentín, mi esposo y yo, que tuve la fortuna de conocerlo al año de llegar a Ensenada, un gran hombre que siempre me apoyó no solo como pareja, sino también que fue un gran pilar espiritual para Javier y mis hijos. Al tiempo Javier se integró nuevamente con nosotros, ya que nos extrañaba mucho y quería estar junto a mí y sus hermanos. No podía adaptarse en Monterrey. Cuando lo fuimos a buscar al aeropuerto de Tijuana, sus hermanos y yo lo esperamos con una pancarta muy ocurrente y divertida: le pusimos, bueno, más bien sus hermanos le hicieron un dibujo de una nariz y decía debajo «narizón». Él salió de la puerta de llegada y miró ese cartel con mucha timidez; fue algo de muchas risas, incluso las personas que estaban allí aplaudieron, y Javi, como de costumbre, con mucha alegría y risas no se enojó.

Foto de Javier con sus hermanos

Al llegar Javi, ingresó en la preparatoria (ITESI), obteniendo un promedio general de 9,2, muy buen estudiante. En esa escuela hizo varias amistades. En una oportunidad fue con un compañero a los carnavales, la estaban pasando muy bien y divirtiéndose, pero su amigo le faltó el respeto a un policía y fue a la comandancia detenido. Javier, como lo destacaba su carácter, no quiso dejar a su amigo solo, quería recibirlo cuando saliera ya que habían ido en su auto. Yo estaba muy preocupada, porque ya era medianoche y no llegaba, cuando a la media hora me habló y me dijo «ma, no te preocupes, estoy afuera de la policía estacionado en el auto, esperando a Ricardo. No lo quiero dejar solo cuando salga, no trae dinero y lo voy a esperar para llevarlo a su casa».

Foto de graduación Escuela ITESI

Así era Javi, tan fiel como amigo y persona. Javi jugaba mucho con su hermano Valentín a la PlayStation. Salíamos mucho, íbamos al cine, a nadar en la pileta cubierta. A veces íbamos al casino, siempre muy medido, solo con 200 pesos para probar suerte; si nos iba bien, ¡qué bueno!, y de lo contrario no era mucho dinero, además era cada tanto, pero se reía mucho y si ganábamos comíamos ahí. A él le gustaban las maquinitas y a mí la ruleta. Solo era una horita, pero la pasábamos felices cuando ganábamos y si no, no pasaba nada. Era una salida como otras de las tantas. La pesca era también de su agrado. Había ido a un lugar muy bonito camino a La Bufadora, en Arbolitos, y ahí tiraba su caña. Otro de sus gustos era escuchar música mientras llegábamos al cine. Le gustaba comer alitas y toda la comida argentina, y más aún la italiana: pizzas, pastas, panes, postres. En ese mismo año se inscribió en las visorias del club Xolos de Tijuana, siempre siguiendo su sueño de jugar al fútbol.

Hicimos varios viajes a San Felipe, Baja California, disfrutando en familia junto a sus dos hermanos y mi esposo. Éramos muy felices todos juntos. Recuerdo que se había hecho de unos amigos vecinos. Hacíamos muchas reuniones en casa con una buena música, y así pasaban las horas, disfrutando sanamente con sus hermanos y toda la familia, bailando y charlando. En las fiestas de fin de año bailaba y nos hacía reír a todos.

Era muy ordenado en su vida, además era muy ahorrativo. Tal es así que en un año juntó dinero y a los diecisiete años se compró su primer un automóvil, un Ford Escort blanco estándar; no sabía manejar bien este auto, ya que mi esposo le había enseñado a manejar en autos de transmisión automática, por lo tanto, se lo prestó a su hermano Valentín para que lo usara. Siempre fue muy generoso.

Luego Valentín le compró a Javi el auto y con ese dinero compró su segundo auto, esta vez automático. Este era un Nissan Sentra, con el que vivió muchas aventuras con sus amigos del Club Pescadores de Ensenada, de la Tercera División, en el cual jugó casi durante un año, pero por ser extranjero no quedó al final en el plantel.

Fotos con pescadores de Ensenada B.C.

Con mucha tristeza después de tanto esfuerzo y promesas no lo aceptaron por no estar naturalizado, pero él no se detuvo para poder seguir su sueño. Luego siguió participando en distintos clubes de fútbol para perseguir lo que tanto anhelaba, como lo fue uno de ellos, en primera fuerza Club de Ensenada Dianamed. Ahí tuvo la satisfacción de ganar el torneo en el que se destacó muy bien por su participación y desempeño en el campo, metiendo goles para lograrlo.

Deportivo Romero Dianamed

Al poco tiempo, comenzó a trabajar en el Restaurant La Hoguera, junto con su hermano Valentín. Trabajando ahí se compró su tercer auto y así siguió hasta juntar y comprarse un auto del año, un VW Gol cuatro puertas.

En este restaurante fueron muy queridos por todos sus compañeros. Era muy ocurrente una anécdota muy chistosa: preparando salsas mexicanas, le preguntó un cliente cómo le salían; él respondió «buenísimas, es la receta de mi abuela, ja, ja». Entonces el señor le contestó «tu abuela ¿de dónde es nativa?» y Javier respondió que de Argentina. «Imagínense, su abuela jamás había hecho una salsa mexicana».

Ahí se hizo de buenas amistades como Eder, Ricardo, Ramón y otros más. Con ellos tenía muy buenos recuerdos. Iban a un predio de albercas en el verano y compartían buenos momentos.

Al finalizar su preparatoria con excelentes calificaciones, ingresó a la Universidad Autónoma de Baja California Unidad Ensenada (UABC), en la carrera de ingeniera industrial. Tenía muchas pretendientes por su gran manera de ser, tan noble, simpático y muy caballero con las chicas. En esa época del año 2014 fue una etapa maravillosa, seguía con su gran carisma con sus amistades.

Facultad de Ingeniería, Arquitectura Y Diseño (FIAD)

En una oportunidad fue a ver al grupo musical Los Fabulosos Cadillac con su compañera y amiga de la universidad, Sinahi. Llegó muy feliz a casa, ya que para él fue una muy bonita experiencia ver ese grupo musical argentino. Le gustaba ir a bailar, de hecho, no tomaba ni fumaba, no tenía ningún vicio, compartía algunas fiestas con sus compañeros y siempre el fútbol, eso jamás lo dejó. Era su pasión.

En 2014 fue a Argentina por el nacimiento de su sobrino Benjamín, pero lamentablemente no llegó para poder estar presente, ya que su sobrino nació el 3 de diciembre y él tenía boleto de avión con regreso del día 2, aunque igual disfrutó mucho con su hermana y su familia. Pero como quería conocerlo volvió a viajar a Argentina en 2016, ya con dos añitos próximos a cumplir su sobrino. Javier cumplió su sueño de conocerlo y disfrutarlo. Se llevaban muy bien, él adoraba a su sobrinito y decía que cuando fuera grande lo llevaría a los partidos de fútbol y lo haría hincha de Independiente como él.

Foto con su sobrino

A Javi le encantaba viajar. Compartió muchas cosas lindas con su hermana Victoria. En esa oportunidad tuvo muchos momentos felices junto a ella: pasearon, fueron a comer, a la playa junto a su sobrino, tías, abuelos.

Foto con su hermana Victoria

Viajar era uno de sus sueños y se esforzaba en sus ahorros para hacerlo realidad. Entre sus viajes figuran Cabo San Lucas y San José del Cabo, en Baja California Sur, así como San Felipe, Tijuana, Mexicali en Baja California, Los Ángeles, San José y San Diego en Estados Unidos.

Con su hermano fueron a ver la Copa América donde vieron jugar a Argentina contra Chile, el cual fue uno de sus sueños ya que pudo cumplir con ver a su selección y a Messi. En ese viaje compartió muchas vivencias muy lindas, se divirtieron, él no manejaba muy bien el idioma inglés, pero supieron defenderse. Fue muy curioso que ahí se hicieron unos conocidos chilenos así que fue un viaje muy emotivo para los dos, el intercambiar charlas con personas de diferentes culturas.

Foto junto a su hermano Copa América

Otros de sus gustos era ir a los parques de diversiones. Fue en una oportunidad al parque Six Flag en la ciudad de Los Ángeles junto con sus amigos Arturo, Alejandro y Valeria, con los que hizo una gran amistad. Junto a ellos convivió bastante el último tiempo. Compartían muchos momentos de distracción y deporte (fútbol, gimnasio) y otras vivencias acordes a su edad. Javier tenía un gran apego con ellos.

Transcurría el año 2017, en el mes de junio, año en que entró a trabajar en la empresa Cristapuro, en el Valle de Guadalupe, una planta embotelladora de agua y empaque de hielo. Para entonces Javier ya cursaba el quinto semestre de la carrera de ingeniero industrial. En esta empresa él ingresó como ingeniero y coordinador de máquinas pese a su corta edad. Su hermano Valentín para entonces se desempeñaba como gerente de ventas, trabajando habitualmente juntos.

Javier dedicó mucho esfuerzo y horas de trabajo en esta empresa, casi 10 horas diarias además de los 45 minutos que duraba el trayecto de casa a su trabajo. La hora de ingreso al trabajo era muy temprano, a las 6 de la mañana, hora en la que tenía que presentarse en la empresa.

Para esto debía de salir de casa a las cinco y cuarto de la mañana para estar a tiempo, teniendo un solo día de descanso en la semana. En verdad mucho sacrificio además de cumplir con sus clases y demás trabajos en la universidad, pero siempre fue muy responsable y trabajador con tan solo veintidós años de edad.

Todos los que lo conocieron lo recuerdan con gran afecto y cariño. Él nos dejó una gran enseñanza que la vida puede ser en algunas ocasiones como un abrir y cerrar de ojos, y la vivió de la mejor manera estudiando, trabajando, ayudando tanto a conocidos como a desconocidos, mostrando siempre su gran carisma y sensibilidad humana por el prójimo, haciendo su deporte favorito el fútbol.

Él nunca bajó los brazos, siempre sano y sin vicios, buscando cristalizar sus metas, sus anhelos. Yo agradezco a Dios y estoy orgullosa de ser la madre de JAVIER ANDRÉS BRUZZESE M.

Él fue, es y será siempre ese ser de luz.

Estoy orgullosa de ser tu madre, hijo querido, ojalá muchos jóvenes se reflejaran en tu historia de vida, tan sana y tan pura, que aun siendo extranjero lograste tanto, un abrazo, hijo mío, siempre en mi corazón, te ama mamá, no pude despedirte ni darte el último beso, abrazo o adiós, pero te llevo conmigo, por siempre. En mi corazón, en mi mente y hasta en mi piel, por eso me hice tu retrato tatuado en mi brazo. Sé que estás en un lugar mejor y que esto no es un adiós, es solo por un tiempo, y tengo la certeza de que te voy a volver a encontrar y ahí será para toda la eternidad.

TESTIMONIO

Mi nombre es Laura Rosa María Bruzzese, casada por segundas nupcias y madre de tres hijos. Mis hijos son Victoria de 34 años, madre de un niño muy bello de 5 años llamado Benjamín; Valentín de 32 años, el del medio, su deporte es fisicoculturista, y el menor es Javier, estudiante de ingeniería industrial.

Éramos una familia feliz, como todas, a veces con algún problema, pero nada serio. Vivimos en Ensenada, Baja California, México. Somos nativos de Argentina, pero llegamos a esta ciudad el año 2009 por razones personales.

En el año 2013 mi hija se regresó a Argentina, y quedamos con mis dos hijos varones, mi esposo y yo en Ensenada. Todo transcurría en forma normal: mis hijos trabajando y el más chico estudiando al mismo tiempo.

Voy a detenerme a describir a mi hijo Javier, mencionado anteriormente como el más chico. Luego se darán cuenta por qué. Javier era muy compañero, un excelente hijo, hermano y amigo, trabajador y muy buen estudiante. Siempre se reía mucho, le encantaba el fútbol, era su pasión y su equipo favorito de Argentina era Club Estudiantes; al llegar a México en Monterrey jugó un tiempo para el Club Tigres en la academia, luego regresó a Ensenada y jugó en varios equipos locales como Los Pescadores, Los Cuervos, Los Xolos de Tijuana, en el cual participó en unas visorias, como en equipos de primera fuerza y otros equipos locales. Era muy deportista, su sueño era llegar muy lejos en el fútbol, muy sano, y ordenado en sus cosas. Le gustaba viajar, ir al cine, bailar, compartir momentos con su familia. Íbamos al casino en algunas ocasiones, y te encantaba jugar a las cartas en casa y a los dados, o jugar al tutti frutti. Nos reíamos mucho y siempre hacías palomitas para ver las pelis. Eras tan compañero, hijo querido, tenías muchos y amigos y muchas admiradoras.

Él era muy caballero y sabía muy bien cómo conquistar una mujer. Teníamos un gran apego, muchas veces te colgabas de mi cuello, o me llevabas del hombro con tu mano. Eras muy ahorrativo siempre le gustaba ayudar a las personas, amigo de gente grande, de su edad también y no hacia diferencias de ningún tipo. Fue muy querido por todos, su corta vida fue plena con muchos proyectos y muchas ilusiones.

A la edad de veintidós años trabajaba de ingeniero, coordinador de maquinarias de una planta de agua ubicada en el Valle de Guadalupe a 50 km de Ensenada, junto con su hermano Valentín, quien ocupaba el puesto de jefe de ventas.

Trabajó cinco meses. Todos los días salía del hogar en la madrugada y se dirigía a su trabajo. El día 7 de octubre del año 2017, Javier se dirigía en su auto a su trabajo en horario habitual, saliendo también su hermano Valentín detrás de él como unos cinco minutos más tarde. Recuerdo que esa madrugada algo me decía que tenía que levantarme de la cama, pero mi cuerpo no lo hizo, en realidad nunca lo hacía, ya que ellos se iban muy temprano, pero algo no estaba bien en mí, o más bien presentía mi alma que pasaría algo. Y así fue puesto que mi hijo, Javier, ya no pudo llegar nunca más a la empresa: en el kilómetro 86, a unos cinco minutos aproximadamente muy cerca de su lugar de trabajo, fue chocado de frente por un camión de transporte público El Vigía. Fue en un segundo que ocurrió el accidente, dejando sin vida a mi hijo de forma inmediata en ese accidente fatal y trágico. A los cinco minutos llegó su hermano Valentín, quien dejó su auto a un lado de la carretera, corriendo en ayuda de su hermanito Javier, el cual ya no mostraba signos de vida.

No se pudo hacer más nada por Javier, quedando en ese momento Valentín impactado por tan horrible y trágica muerte de su hermano. A Valentín lo trajeron a casa para avisarme lo sucedido. En ese momento sentí un dolor terrible en mi pecho, como si me hubieran metido una daga en mi corazón, un dolor asfixiante jamás experimentado, no se parece a ningún otro ni se compara, y luego escuché que mi hijo Javier me decía: «¡Mamá, mamá, yo no tuve la culpa, hacé algo por favor!» y me sentí impotente porque ya nada podía hacerse. Luego Valentín, su hermano, me abrazó fuerte y me dijo estas palabras que nunca olvidaré:

—¡Mamá, mamá, yo nunca te voy a dejar! ¡Siempre voy a estar con vos!

Ahí comprendí que algo malo había pasado. Grité muy fuerte:

—¡Quiero verlo! ¡Quiero verlo!

Y mi hijo Valentín me dijo:

—No, mamá, él ya no está, te va a ser mal verlo. Está irreconocible mi hermano.

Luego no recuerdo muy bien, pero se le avisó a su hermana que estaba en Argentina, recibiendo esa noticia tan terrible de su hermano que ella amaba a Javier al igual que Valentín y toda la familia. Fue terrible esa situación y más viviendo en otro país, alejada de los demás familiares, mi nieto, mis hermanas, abuelos, primas, amigos.

Yo no pude despedirme de mi hijo, me lo entregaron a los veinte días de su fatal fallecimiento. Sentí que moría, que jamás podría seguir adelante con su ausencia, tan injusta, pensé... por qué Dios no le dio a Javier una segunda oportunidad. En ese momento, la rabia e impotencia se apoderó de mí, tiré mi virgen de Guadalupe contra el piso, estaba muy enojada y no dejaba de preguntarle por qué, ¿por qué mi hijo?

La última vez que vi a mi hijo Javier fue el viernes en la noche. Vestía un pantalón Lee azul y una camisa azul. Su última palabra «chau, ma...» y ya nunca más lo volví a ver. Es algo tan extraño e ilógico que te pase algo semejante con un chico tan lleno de vida, con un futuro por delante. Entras en un estado de shock, me quedó un gran vacío en mi corazón, en mi alma y mucha impotencia.

No quería estar en este mundo terrenal, no quería existir, no tenía razonamiento ni podía ver la luz, el dolor me tenía ciega, anulando todo tipo de emociones, solo tenía bronca, ira, y en oportunidades no lo creía, era algo muy extraño. Sentía que flotaba y que no era yo, solo creía que todo lo miraba desde afuera no como si lo estuviera viviendo, sino más bien como espectadora, como si todo lo ocurrido fuera irreal.

Valentín fue muy valiente, la verdad que él fue muy fuerte, vivir ese momento tan terrible, de ver a su hermano en ese estado y no poder hacer nada, presenciar su accidente que le causó la muerte, es un ser con mucha entereza y fortaleza. Lamento profundamente que su último recuerdo de su hermano menor fuera esa tragedia.

No quiero ni imaginar su impotencia ante sus ojos de ver algo semejante. Ser espectador de algo tan atroz.

Toda la familia quedó muy consternada. Mi hija Victoria estaba en Argentina cuando recibió esa horrible noticia. De inmediato viajó con su hijito, mi nieto, para Ensenada para estar con nosotros.

Yo entré en un estado de soledad, en realidad no podía entender lo que había sucedido. En ese momento vivía un estado surrealista, tanto así que llegué a dejarle a Javier la puerta de la casa sin llave para que él pudiera entrar cuando regresara, hasta llegué a pensar en mi fantasía que lo habían secuestrado. Es tan difícil cuando no podés ver a tu hijo, amado hijo, para mí era como si no hubiera pasado. En esos días antes de que me entregaran a mi hijo parecía que flotaba, que no era yo la que estaba pasando por esto. Era una sensación muy difícil de describir.

Una madre nunca está preparada para enterrar a un hijo. A la semana sus compañeros de fútbol le hicieron un partido en su memoria. Yo solo pensaba, o mejor dicho, veía el juego imaginándome como si él estuviera jugando en el campo. No entendía lo que ocurría en mi cabeza en esos momentos, recuerdo que en ese homenaje se acercó un compañero de Javier del restaurante La Hoguera, un señor grande que tuvo la dicha de conocer bien a mi hijo, me dio un fuerte abrazo y me dijo: «Javier era el hijo que yo siempre soñé en tener».

Su nombre era Carlos, más bien con apodo de Don Charly. También todos sus compañeros y amigos de campo se sentían muy consternados por tan terrible pérdida.

A los veinte días de su fallecimiento se hizo el sepelio. Muchísima gente nos acompañó y ahí noté cómo lo querían. Aun nadie podía creerlo, tenía tantos amigos. Fue algo muy emotivo ver tanta gente, familiares, amigos, compañeros. Yo en esos momentos de tristeza me encontraba derrotada, tantas ilusiones, tantos proyectos y tan joven. Me pregunté muchísimas veces por qué si él era un chico tan bueno, que jamás hizo mal a nadie, ¿cómo pudo pasar semejante tragedia? No podía entender por qué no se le dio otra oportunidad, siendo que fue su único y último accidente. Sé que esa respuesta nunca la tendré, la razón en estos tipos de accidente nunca tienen una respuesta, solo Dios sabrá el porqué. Estoy segura de que algún día podre tenerlas, es lo que le pido a Dios todas las noches, que me dé claridad, que pueda saber qué pasó exactamente. Sé que con saber eso no podrá volver o regresar mi hijo, pero para una madre es muy importante saber qué pasó realmente, si sufrió, cómo fue y por qué; ninguna de ellas fue respondida, sé que si llegara ese momento podrá darme un poco más de paz.

Javier tenía muchas ilusiones y proyectos que no pudieron ser concretados. Uno de ellos era regresar a Argentina, su país natal, el cual extrañaba mucho sus costumbres. Él planeaba trabajar en diciembre y así ya terminar el año laboral acá en Ensenada para irse con más dinero, solo faltaban dos meses y su meta era irse. Lamentablemente no llegó a hacerlo. Recuerdo que me decía «¿Vas a extrañarme cuando me vaya a Argentina?» y ponía su mano en mi hombro. Yo obvio le contestaba que sí y mucho, pero por desgracia su último día llegó antes de realizar tantos proyectos y sueños, y ese 7 de octubre fue su último día terrenal. Su ida al trabajo fue para nunca más volver. A veces la vida es un poco irónica, ¿verdad? Algo que ahora me doy cuenta es que mi alma ya lo presentía, no exactamente, pero tenía señales que yo no sabía interpretarlas. Yo hacía ya como un mes antes de que ocurriera esta desgracia siempre le decía a Javier: «Hijo, tené cuidado en la carretera, por Dios, cuídate».

Otra cosa que me llamó mucho la atención es que él se quería ir, me decía «mamá, ya no quiero vivir más acá en Ensenada. Estoy harto», pero yo le preguntaba por qué, y me decía «no sé, me quiero ir, me quiero ir». También lo observé muy extraño, su rostro estaba como si se estuviera avejentando. Era muy rara la sensación que yo tenía; él estaba muy cambiado, quería jugar al fútbol, trabajar, estar con sus amigos, cumplir proyectos a corto plazo, no sé, como si quisiera disfrutar el poco tiempo que le quedaba de vida. Se lo veía muy preocupado, tanto es así que yo dije «voy a esperar al lunes para saber qué era su preocupación». No lo pude hacer. Pienso que ya se estaba despidiendo de alguna manera; nuestras almas ya sabían lo que ocurriría, así fue el testimonio de su trascendencia, de una manera muy triste y de fuerte impacto emocional para mí y para toda la familia junto a los seres que lo han querido tanto.

PARTE 2

TANATOLOGÍA

¿QUÉ ES LA TANATOLOGÍA?

La tanatología etimológicamente viene del griego *thanatos* (muerte) y *logos* (estudio). La tanatología es una disciplina integral que aborda todo lo relacionado con el fenómeno de la muerte en el ser humano: la pérdida, el sufrimiento psicológico, las relaciones significativas del enfermo, el dolor físico, las voluntades anticipadas, los aspectos legales, la observancia del trato humanitario que ha de brindarse al paciente moribundo y el apoyo en el acompañamiento para él y su cuidador. Ya que la pérdida la sufren ambos.

Pretende curar el dolor de la muerte y la desesperanza tanto al enfermo terminal como a sus familiares. La tanatología es un estilo de vida, abre caminos, creatividad, empatía.

BENEFICIOS DE LA TANATOLOGÍA

La tanatología es muy importante para los procesos de duelo. Te ayuda a vivir de una manera diferente y a encontrar un equilibrio. Es un excelente acompañamiento para poder sobrellevar tu vida, es decir, desde una postura más positiva así como también para descubrir tus emociones, que a pesar del dolor puedes llegar a volver a confiar en tus creencias, te devuelve la confianza, la esperanza, a sacar tus miedos y a tener un nuevo proyecto de vida transformado para seguir viviendo y con ello fortalecerte en todos los aspectos cotidianos, ser una persona funcional despertando en ti las mejores habilidades, que tal vez las tenías ocultas y por el dolor surgen a la luz. Para mí la tanatología fue de muchísima ayuda. En realidad la conocí a través de la pérdida de mi hijo, siento que es fundamental para poder seguir adelante y atravesar el duelo de tu ser querido. Te da apoyo y te nutre de herramientas para poder desarrollarte en la nueva manera de vivir.

DUELO

Duelo, como su palabra lo indica, es dolor. Cuando uno pierde a un ser querido, como en este caso la pérdida de un hijo, el dolor es inevitable. Desde el momento en que tenemos vida estamos expuestos a la muerte. Pero no estamos preparados para enfrentarla, o nos enseñan a que es parte de la vida.

Quiero expresarles que cada duelo es individual, es decir, que cada uno lo vive de manera diferente. Hay personas que pueden atravesarlo con más normalidad o sencillamente se encierran y no aceptan ayuda; otras sentirán que deben apoyarse en la búsqueda de la fe y también pedir ayuda a personas especializadas, ya sea tanatólogos o psicólogos. Para poder seguir adelante ante semejante adversidad, el duelo es atemporal. Es decir, no hay un tiempo estipulado de culminación. Un duelo puede durar años o hasta el último día de tu vida, eso depende desde qué perspectiva lo quieras o puedas vivir.

Hay diferentes tipos de duelo.

- Duelo anticipado: previa a la muerte de un familiar, cuando este tiene una enfermedad terminal (se va acompañando al enfermo y haciendo el duelo mientras dura su agonía).

- Duelo inesperado: es aquel en el que el doliente lo toma por sorpresa, sobre todo en muertes por accidentes, infartos, malas praxis de una operación, etc. Son los más difíciles de asimilar, ya que no lo vas viviendo, solo es algo que no esperabas.

- Duelo retardado: se manifiesta generalmente en esas personas que no dan ningún tipo de demostración sin dar ningún síntoma.

- Duelo crónico: es aquel en el cual se recuerda constantemente y sufre por períodos muy largos sin poder insertarse a la sociedad.

- Duelo patológico: es aquel en el que la persona no puede tener un equilibrio, no supera la muerte de su ser querido y puede traer consecuencias físicas y mentales.

En cualquiera de ellas, los dolientes están desordenados, abatidos, cansados, con falta de energía, insomnio, mala alimentación (pérdida del apetito), falta de ánimo, se vuelven antisociales, molestos, irritables, con cambios de humor.

El proceso de duelo en algunas personas se ve como algo natural a pesar del sufrimiento, lo atraviesan, lo viven y con el tiempo logran adaptarse a la pérdida.

En otras personas se complica más, pueden llegar a desarrollar trastornos mentales, por ello acuden a fármacos que los ayudan a poder sobrellevar la ausencia del ser querido, como antidepresivos o ansiolíticos.

EXPERIENCIA VIVIDA

Para mí, desde mi experiencia vivida como testimonio, el duelo se resuelve cuando buscamos el hacer, el aprender día a día a vivir de otra manera, a darnos cuenta de que podemos dar amor a los demás, a sentirnos funcionales. Es un trabajo diario, un desafío que comienza desde que despertamos hasta que nos vamos a descansar.

Proyectar el día a día, y sí, también, por qué no permitirnos llorar, es un desahogo que limpia el corazón; llorar es una buena terapia ya que nuestro cuerpo libera sustancias a través de las lágrimas, da la sensación de alivio descargando tensiones, ayuda a mejorar la depresión; es llorar de manera sana, claro que sí, es normal, acá se ponen en juego un conjunto de emociones, habrá días que son mejores que otros, y otros no tan buenos.

Pero lo importante es no soltarse de la mano de nuestra certeza de nuestro ser superior, no importa cuál sea tu religión, es aferrarse a seguir, a darle a nuestro ser amado un sentido.

El duelo hay que afrontarlo y vivir todas sus etapas, el duelo es tan personal como una huella dactilar, nadie más tendrá la misma experiencia.

Tenemos que darnos cuenta de la riqueza que nos dejaron nuestros seres amados, los momentos felices, las vivencias, todo lo compartido con ellos, que jamás se van de nuestro corazón y mente. Hay que aprender a vivir sin su presencia, sin olvidarlos claro está, hacerle honor a todos esos recuerdos a esa gran persona que nos hizo tan felices y nos honra el haber sido su madre, familiar y amigo.

La muerte de un hijo es una de las experiencias más estresantes y traumáticas por las que puede pasar una persona. Es un gran impacto que desemboca en una reacción emocional muy fuerte; se llega al punto de querer cambiar la realidad, la muerte confronta al ser humano, por eso se busca la religión, sea cual fuere, se recurre a ella como medio de trascendencia.

El duelo es un proceso que nos permite llegar a una conciliación de adaptación para poder llegar a tener equilibrio en nuestras vidas. Lamentablemente, vivir y morir es un hecho inseparable, no se muere si no se vive, el morir es natural pero no nos preparan para ello, ya que por lo general, o nunca, pensamos en ella. Estamos como programados para vivir, pero jamás para morir; curiosamente es así, le tememos a lo desconocido, para nosotros la muerte suele ser algo inesperado, una ausencia terrible y más aun cuando tenemos ese apego hacia lo que amamos.

Por eso, generalmente las personas que estamos en duelo o atravesando un duelo no podemos decir que ese dolor pasará, porque no es así, duele, y dolerá siempre lo importante, como dije anteriormente, es vivir las etapas del duelo para poder darle un sentido a su trascendencia.

SUGERENCIAS

Gran parte del dolor por el duelo proviene de tener que aprender el día a día continuamente durante un período de tiempo y que su ser querido ya no está, que ha muerto.

En el caso de muerte repentina puede llevar hasta años antes de poder comprender que su ser querido se ha ido y entender las implicaciones que tiene eso. Es un proceso de vivir sus reacciones ante la pérdida. En la medida que la muerte es repentina e imprevista, esto tendrá un enfoque de traumatizarían personal junto con el duelo, es impactante, básicamente hay más con qué lidear.

La muerte repentina nos deja con:

- No podemos despedirnos, ni decir adiós.
- Nos deja más incrédulos.

Y, por supuesto, una obsesión de los eventos que lo provocaron y más aun si crees que la muerte de tu ser querido podía prevenirse, tienes la necesidad de determinar la responsabilidad y garantizar un castigo para los que se consideran culpables.

Lo importante es buscar ayuda con un profesional. Y sobre todo lo que tenemos que aprender es a tener otra relación con nuestro ser, pero no en la misma forma de antes, sino desde otro punto seguir teniendo conexión, como, por ejemplo:

- Conexiones saludables.
- Hablar sobre nuestro ser.
- Identificación apropiada con nuestro ser, fotos, videos, recuerdos, prendas de vestir. Eso es solamente una marca simbólica de su existencia de vida. Rezar, mucho.
- Recordar y apreciar los que nos brindó en vida. Vivir la memoria de nuestro ser en forma constructiva.

Quiero aclarar que la recuperación no se trata de un cierre. El cierre es para negocios u otras cosas, acá estamos hablando de una pérdida, con el corazón es buscar aprender a vivir con nuestra pérdida. Es un hecho indudable en la vida y esto no significa el olvido, al contrario, yo determiné que es una forma positiva de dar significado a lo que ha sido un evento negativo.

ETAPAS DEL DUELO

Primera etapa: negación, shock

La etapa inicial es la que aún no entras en razón, no estás en la realidad, hay mucha confusión, te sientes embotado, como si estuvieras en el aire, como si no hubiera pasado (más aun si la forma en que se murió el ser querido fue repentina). Esta sensación puede durar semanas y hasta meses, es como pensar que no es verdad lo que sucedió.

Segunda etapa: ira, rabia

Es la etapa que entramos en preocupación, pensamientos de ¿por qué pasó lo sucedido? ¿Cómo fue? Mucha inseguridad, extrañándolo, lamentándolo, también entramos en un estado de culpas, el «si hubiera hecho esto o aquello».

Tercera etapa: depresión, desesperanza

En esta etapa se siente mucha tristeza, angustia, depresión, insomnio, sentís que ya no podés tener proyectos, falta de ánimo, falta de entusiasmo, aislamiento, todo te cae mal. En ocasiones puedes percibir la presencia de tu ser querido. En esta tercera etapa puedes durar mucho tiempo, indeterminado, algunos meses y en ocasiones años.

Cuarta etapa: transformación

Acá ya estaríamos buscando recursos, ser más positivos. Se produce una reorganización de la vida cotidiana, una recuperación, comenzamos a recordarlo en los mejores momentos, lo más preciados.

Podemos decir que también comenzamos a comer bien. Se van girando aptitudes nuevas. Para poder sobrellevar la ausencia del ser querido, nos aferramos a la fe, depende de nuestras creencias.

Última etapa: hacer para ser

Esta sería la última etapa del duelo. En lo personal difiero con mis colegas tanatólogos, con el merecido respeto. Según las etapas del duelo esta sería la llamada *aceptación*. Voy a definir por qué difiero. La palabra *aceptación* significa reconocer la realidad no deseada, esto es lo que hay aquí y en este momento.

Desde mi punto de vista, no se llega a una aceptación cuando pierdes a un ser querido y mucho menos a un hijo.

Es una forma de buscar cómo seguir de manera diferente, aceptar sería imposible, llegar a eso sería como engañar tus sentimientos, tu esencia de una realidad que por naturaleza como seres que sentimos no es posible.

Más bien diría, como dije anteriormente, la etapa final es el vivir de una forma diferente, transformándonos y tomar todo ese amor de nuestro ser amado el cual siempre será extrañado y necesitado para toda la vida.

Me di cuenta de que esperaba esa última etapa de aceptación la cual no llegaría jamás, ese acuerdo mutuo, así es realmente lo que pienso de la aceptación, yo siento que podría morir sin aceptarlo jamás, por eso decidí, y les sugiero, no esperar la aceptación, sino aprender a vivir con la ausencia, ubicar a nuestro ser amado en el corazón, amarlo sin poder verlo, sin lo tangible.

El buscar recursos para sanar el alma, tratando de *hacer cosas para poder ser,* que nos reconforten, es decir, cada uno de los dolientes llevarán por siempre en su corazón a su ser que ya trascendió y que ya no volverá más en forma terrenal. Es una forma de readaptación a la nueva vida sin nuestro ser querido.

Yo diría que es un trabajo diario, que tenemos que vivir el día a día buscando proyectos, otros buscarán la naturaleza, otros harán lo que más le gustaba a nuestro ser que ya partió. Cada uno hará lo que mejor lo hace sentir. Es una tarea diaria y satisfactoria encontrar cómo dar todo ese amor.

Las etapas del duelo no son exactamente llevadas en orden cronológico.

Pueden variar.

Duración del duelo

Como mencioné anteriormente, el duelo no tiene un tiempo determinado. Depende de la persona, es atemporal. Es recomendable buscar apoyo tanatológico y de ser necesario psicológico.

PÉRDIDA DE UN HIJO

Este tipo de pérdidas es la más difícil de sobrellevar por cuanto es un ser que nació de nuestras entrañas. Es una parte de tu ser. Es el duelo más complicado, por ello es muy importante la ayuda del resto de la familia y refugiarse en la fe, es decir, en las creencias de cada uno.

Es de suma importancia atravesar el duelo, porque si no ya tendríamos un duelo no resuelto. En todas las etapas es recomendable desahogarse, llorar y hasta quedarnos uno o dos días en cama, descansar bien y alimentarnos de manera adecuada. Claro que cada persona lo hace de manera diferente y también de acuerdo con como puede sobrellevarlo. No todos tenemos el mismo tiempo de adaptación.

El dolor nunca se acaba, sería mentir de mi parte decirles que dejará de doler. No, jamás dejará de doler, pero ese dolor tenemos que vivirlo de una manera tal que no suframos, que ya no será igual nuestra vida, pero mis queridos lectores y dolientes, Dios nos dio una vida y tenemos que vivirla hasta el final. Del dolor, sacar lo mejor de nosotros y RESURGIR COMO EL AVE FÉNIX.

Así lo hizo de las propias cenizas. TODOS SOMOS SERES FINITOS E IMPERFECTOS, o sea, estaremos solo por un tiempo, debemos de caminar por el sendero de la mejor manera, aunque muchas veces se nos llenen los pies de espinas, seguir adelante es la mejor manera que nuestro ser amado trascienda.

Te ayuda a vivir con mayor plenitud, y al buen morir. También te brinda herramientas a la hora del duelo, como así también diferentes pérdidas, no solo de muerte sino también pérdidas como el trabajo, cambio de lugares, separación de parejas, divorcios, etc. Cada pérdida es importante para el que la sufre, cada uno valora de diferentes maneras su pérdida y dolor, es importante lo que representa para nosotros.

Perder lo tangible:

1. Un ser querido ha muerto.
2. Una mascota.
3. Un bien material.
4. Un miembro del cuerpo.

Perder lo intangible:

1. Salud.
2. Estatus.
3. Juventud.
4. Libertad.
5. Confianza, fe, seguridad.

MI DUELO, CÓMO PUDE SEGUIR ADELANTE

Mi duelo comenzó de una forma muy atípica, fue un duelo interrumpido. Yo no pude cumplir o mejor dicho llevar a cabo todas las etapas (lo cual es muy importante). Fue un duelo interrumpido porque mi hija mayor, Victoria, entró en un estado de depresión, se regresó a México para estar junto a toda la familia. Ella ya no se encontraba bien de salud, por lo cual tuvimos que tomar una decisión muy difícil para mí en ese momento de tanto dolor y angustia por el cual yo estaba pasando.

Había transcurrido solo cinco meses de la pérdida de mi hijo. Mi hija no mejoraba, no estaba bien, yo ante mi desesperación ya no quería perder otro hijo, así que tuve que pensar en ella y en mi nieto, dejar de lado mi duelo. Tomamos la decisión con mi hijo Valentín de internarla. Era la única manera de poder ayudar a mi hija. Se hizo así, pero me tuve que hacer cargo de mi nieto casi tres meses.

No sé de dónde saqué fuerzas, llevarlo al kínder, vestirlo, darle de comer y los fines de semana llevarlo al parque. En esos momentos tenía el apoyo de mi hijo Valentín, que también trataba de distraerlo. Fue terrible tener a mi hija internada, solo quería verla recuperada y bien de salud.

El ocuparme de mi nieto de tres años en esa época fue un tremendo desafío la responsabilidad, pero fue tan grande el amor que eso me impulsó a darme fuerzas para seguir y ayudar a mi hija.

Ya no podía llorar, porque el niño me ocupaba mucho tiempo. Fue tremendamente difícil el primer año de duelo, pero no tenía otra opción que seguir. Pasó un año, ya mi hija mayor se regresó a Argentina y ahí en ese momento fue cuando comencé a vivir mi duelo, a hacer el duelo. Ahí me di cuenta de que ya mi hijo no estaba, cómo iba a seguir, me inundaba una gran tristeza y sufrimiento. NO QUERÍA VER A NADIE, SOLO A LOS INTEGRANTES DE MI FAMILIA, NO TENÍA ÁNIMO DE VER A MIS AMIGAS, no quería reírme, no dejaba escuchar música y tampoco quería comer cosas ricas. Tenía mucho odio en mi corazón, sobre todo hacia el chofer que impactó a mi hijo. Tampoco estaban claras muchas cosas, a pesar de que ya mi hijo no lo podría volver a la vida, pero mi corazón gritaba justicia, no entendía cómo las leyes eran de esa manera, que el accidente había ocurrido el sábado y entonces no se buscó al chofer, no se hicieron los exámenes de antidoping, me dijeron que la justicia no estaba obligada a hacerlo, no podía yo entender cómo recién el día lunes se localizó al chofer; así fue todo este proceso, muy raro para mí. Sentía una gran culpa por todo, mucha impotencia. Cómo yo iba a ser feliz comiendo las cosas ricas que mi hijo no podía hacer, no me lo podía permitir.

Llegué a tener envidia de ver a otros chicos de su misma edad disfrutando la vida y a mi hijo ya no.

Así fue como mi gran amiga, Fidelia Caamal, siempre estuvo a mi lado, apoyándome y dándome buenas energías y consejos. Muy creyente mi amiga, le tengo muchísimo aprecio, ella sufría mucho por mi gran pérdida. Vino a verme y me invitó a conocer al padre Ramón Álvarez, en la Parroquia del Perpetuo Socorro. Yo al principio me resistí, pero ella insistió y fue como un gran milagro. Desde ese día todo fue cambiando.

Para entonces, yo estaba muy alejada de Dios. Yo soy católica, pero estaba muy enojada, no podía entender cómo había pasado algo así. Mi hijo que lo llevé en mi vientre CON TANTA LUZ durante nueve meses, que lo llevé de su manita el primer día de clase, que tantas noches fueron en vela por algún dolor de panza o gripe, que lo vi crecer, cada etapa de su vida tan sano… y tan feliz como podía imaginar que en solo un parpadear mi hijo ya no existiera.

Fue entonces que a raíz de conocer esta maravillosa persona sentí un gran alivio. Fue como casi un ángel que llegó en el peor momento de mi vida, con una gran espiritualidad, un gran ser humano, que me invitó a participar en un taller en tanatología y acepté. La verdad es que en ese momento no estaba preparada, asistí a dos clases y me retiré. Pasaron unos tres meses y me di cuenta de que así no podía seguir, tenía mucha tristeza en mi corazón.

Después se abrió otro taller en la misma parroquia con la tanatóloga Sonia Ramírez, una gran persona que tuve la dicha de que apareciera en mi vida en ese momento tan difícil para mí. Fue de mucha ayuda, me sentí que no era yo sola, que había más madres y personas sufriendo por un duelo. Lo terminé con mucha paz y queriendo más... Luego en el segundo taller acompañé a Sonia dando mi testimonio y así lo hice fui como auxiliar de la tanatología, ofreciéndome a apoyarla.

Fue un grupo muy espiritual, excelentes personas y todas allí con el mismo propósito: SANAR. Di mi testimonio en pie, con mucho dolor, pero ofreciéndome a ayudar y lo hicimos junto a Sonia. A los tres meses finalizó el taller y me di cuenta de que necesitaba más, que sola no podría atravesar el duelo. Yo quería saber más, encontrar recursos, herramientas para poder seguir.

Ya había pasado un año y medio, busqué ayuda psicológica, terapia con mi psicólogo Erik Romero, también un excelente terapeuta. Un día, buscando qué más HACER PARA PODER SER, por eso digo que es tan importante el hacer, es lo que a mí me ayudó. Se publicó en Facebook un diplomado en tanatología en la Universidad Xochicalco campus Ensenada, Baja California.

Fui y me inscribí con muchísimas expectativas. Fue muy intenso este diplomado. Gracias a Dios muy sensible a las emociones y la mayoría con diferentes tipos de duelos, además de una excelente profesora, Karla Rodríguez, que cubrió todas las expectativas junto con un grupo de doctores. Fue una gran experiencia en la cual obtuve muchísimos recursos y herramientas.

Recuerdo que en una de sus clases yo estaba regresando a la segunda etapa con mucho enojo y la tanatóloga me preguntó:

—¿Querés vivir o querés morirte? Tú decides, porque si quieres morir, ¡adelante! Ya déjate caer, quédate en tu casa, no comas, no te levantes o mejor sabes qué: tómate unas pastillas y ya. ¿O quieres vivir? ¿Qué sería más honesto de tu parte, para tu hijo, el que perdiste? ¿Crees que él quisiera verte mal? ¿Destruida, derrumbada? ¿Eso es lo más fácil, verdad? Pero él quisiera verte bien. Haz que tu hijo trascienda con un sentido como lo hizo cuando él estaba en vida con su alegría, con sus grandes sueños y anhelos.

Ahí me di cuenta de que es verdad que mi hijo Javier no hubiera querido verme así. Fue cuando entonces decidí vivir, porqué si DIOS me dio una vida tengo que hacerlo lógicamente, el dolor jamás se irá, jamás dejaré de extrañarlo, de recordarlo y llorar también, y todo lo que sea necesario.

Es muy difícil atravesar el duelo, yo puedo decirles por lo vivido que todos los días me propongo hacer algo, soy un ser humano claro y como tal también tengo mis días muy malos, pero yo decidí por mí, por mi hijo Javi, por mis dos hijos, por mi nieto y por mi esposo, seguir y buscar la mejor manera de sobrellevar este gran dolor que jamás se irá, esta estaca clavada en mi corazón, PORQUE UN HIJO NO SE REEMPLAZA POR OTRO.

Mi forma de vivir es buscar el hacer en el día a día y devolverle a mi hijo el gran amor que me dio, ayudando a los demás, que tenga un sentido su muerte, que trascienda. Esa es la palabra justa, hacer cosas en honor a él.

Él me dejó y nos dejó una gran enseñanza. Él vivió su vida plena, siendo una persona muy noble y leal, desinteresada, disfrutando de un partido de fútbol, de una charla con sus hermanos, amigos o familiares. Él trabajó muy duro para tener sus cosas, siempre por el buen camino, la honestidad, la amistad y también me enseñó que la vida puede terminarse en un abrir y cerrar de ojos. A que las cosas simples son las más valiosas, a no juzgar a nadie, solo entender y escucharlos.

Por todo esto, comprendí que debo ser mejor persona porque la vida es hoy y ahora… en este momento, y lo que podemos llevarnos no son cosas materiales, es la certeza de la fe que tenemos en que creemos. Javi nos dejó sus alegrías, sus ocurrencias, sus momentos de felicidad, sus risas y su buen corazón.

Doy gracias a Dios por darme la bendición de haber tenido un gran hijo, un gran hermano, un gran sobrino, un gran nieto y un gran hombre. Yo aprendí a llevar a mi hijo dentro de mi corazón, en mi mente y en mi piel me hice un tatuaje con su rostro. Yo lo llevo conmigo adonde vaya, él está, también en mis hijos, en mi nieto, en todos ellos, una parte de él se quedó con todos nosotros. Dicen que a quien no se olvida nunca muere, mi hijo siempre es recordado y jamás morirá.

A él lo veo siempre en un amanecer, en cada uno de mis otros dos hijos que también son parte de él, en mi nieto, en la naturaleza, en todas las cosas lindas.

¡Te amo, hijo querido, gracias por tanto, gracias por darme la dicha de ser tu mama! ¡Y gracias por ayudarme a no perderme, a seguir adelante por tus hermanos, mi nieto, esposo y por mí!

CÓMO DECIR ADIÓS

Es muy difícil despedirse de un ser querido, más aun un hijo, en muchos casos la enfermedad avisa, en otros casos como en el que estoy dando mi testimonio, la muerte llega de manera improvista, y se lo lleva de nuestro lado y para siempre a un hijo o familiar tan amado. ¿Cómo despedirnos de nuestro hijo o ser querido? Cuando sientes que te faltaba tanto tiempo por compartir, tantas cosas por hacer, tantas ilusiones y proyectos ya frustrados.

¿CÓMO ES POSIBLE?

No hay respuesta para eso, jamás estaremos preparados totalmente, siempre va a doler y siempre habrá algo más que podríamos haber hecho. Debido al gran amor que le teníamos y todo lo que compartimos, es muy normal no poder soltar nuestro ser. No es soltar como muchas personas lo dicen, al contrario, es tratar día a día a vivir con esa ausencia. Frecuentemente, le seguimos hablando en secreto, es una manera de no soltar a la persona debido a la relación que existía.

Es muy complejo, a mi manera de decirlo, es un hasta pronto. Por mi certeza de volver a encontrarme con Javier cuando sea mi tiempo y Dios me llame, me encontraré con él. Estoy segura de que él me recibirá con un gran abrazo y veo su sonrisa, sus ojos cayendo algunas lágrimas de alegría, ese calor que tantos años quedó en el tiempo como en suspenso, esperando el momento justo.

Es de gran alivio y paz escuchar la música que a él le gustaba, repetir sus frases, mirar sus fotos, lo cual es un momento vivido, le digo todo lo que necesito, aunque en vida ya se lo he dicho, se lo repito que lo amo y doy gracias a Dios por el maravilloso hijo que me dio. En realidad, no es una despedida, es un hasta pronto porque todos nos vamos a morir.

Lo esencial es ir de la mano con tu fe, con tu certeza de vida, solo ora en una habitación tranquila y en soledad. Donde puedas hallar la paz y tranquilidad, abre tu corazón y respira profundo.

Ellos no están ausentes los mantenemos en cada latido de nuestro corazón, reposan en nuestra mente y nos dan fuerza cada día. La muerte no sabe de despedidas. La muerte nunca es del todo real, ya que la única manera de perder por siempre a tu ser querido es olvidándolo, el no recuerdo.

Así que lo mejor es transformar todas esas preguntas que no tienen respuestas en su recuerdo, honrando su memoria. No desgastes energías en un adiós que no pudo ser. Mejor cierra los ojos y recuerda todos los momentos bellos junto a él.

PARTE 3

CARTAS

CARTAS A MI HIJO

23/01/2018

Mi amado hijo: No sé si podrás leer estas líneas, quiero decirte que te extraño. No hay un solo minuto que deje de pensar en ti. No puedo explicar el dolor que invade mi corazón desde que ya no estás. Decidí escribirte porque no sé cómo llevar tanto dolor, no se soporta, no puedo ver la luz. Hijito, me pregunto una y mil veces ¿dónde estás? ¿Qué paso? ¿Qué sentiste? En esos instantes en que perdías tu vida.

Quiero verte reír, escucharte, hijo, solo una madre sabe del dolor. Te tuve nueve meses en mi vientre, te cantaba, sentía tus latidos, tus pataditas… noches de desvelo, tal vez no fui la mejor madre, pero sí te digo que te amo y amo a tus hermanos, son parte mía y vos, tu parte se fue físicamente quedo ese lugar, ese hueco tantas cosas que pensábamos hacer juntos, como dijiste en una carta tuya, ¿te acordes? ¿Por qué, Dios mío, por qué? Te amo por siempre, mamá. No es un adiós, es un hasta pronto.

17/02/2018

Javito: Cuánto te extraño, cuando íbamos a desayunar, al cine, cómo nos reíamos, al casino con tu número favorito el 22. Siempre me ponías tu mano en mi hombro y tu carita llena de felicidad, ¿te acordás cuando mirábamos pelis en la cama comiendo palomitas, y los juegos de cartas, y tutsi fruta? Qué hermosos recuerdos que jamás serán vividos.

Fuiste un gran compañero, y cuando viajamos a Argentina qué bien la pasamos, uy en las visorias de fútbol siempre acompañándote y sufriendo para que te elijan y cada gol que metías era una felicidad y un orgullo.

Horas nos pasábamos en los clubes, cuando íbamos a jugar al tenis, o a la pileta, y tus tan ricos bizcochitos argentinos. Qué bien te salían, mi chiquito, pero tan grande de corazón, espero que Dios nos permita volver a vernos y no nos separemos nunca más. Tengo tantas ganas de abrazarte, hijo mío, mucho, mucho.

Te ama, mamá.

22/02/2018

Querido hijo: Hoy te sentí que me estabas mirando… estabas parado junto a mí, me acariciabas la espalda, luego te recostaste a mi lado y te escuché llorar. ¿Qué pasó? ¿Dónde estás? Qué pronto te nos fuiste, Javito, danos fuerzas para seguir ayúdanos a tus hermanos y a mí, no dejes que me pierda. Dios mío, mantén mi calma y mi sano juicio. No dejes que me pierda, que me quede sin razón, no dejes que me vuelva loca, es muy difícil el día a día, te espero y no llegas.

Te amo, mamá.

24/02/2018

Hola, mi Javi

Te cuento hoy me levanté más positiva. Empecé una nueva vida. Seguro que sos vos que me estás ayudando y me das esas fuerzas para poder apoyar a Vicky, Valen y Benjita, ¿qué harían ellos sin mí, verdad, hijo? Me alimenté bien y fui a caminar, hijito.

Te amo, mamá.

12/07/2019

Querido hijo

Hace unos días soñé con vos. Fue tan real, te abracé, muy muy fuerte, y vos movías la cabeza, como diciendo mamá, qué pasó. Qué lástima, qué triste.

Hijo mío, te abracé tanto que cuando desperté, sentí tu olor en mi pijama, creo que fue real que estuvimos juntos, a veces pienso que en sueños uno se transporta y que son reales.

Te extraño. Con amor, mamá.

12/08/2019

Hijo querido, ya van a ser casi dos años sin verte, un año y diez meses, sin oír tus risas, tus chistes, tus bromas, qué vacío dejaste en todos nosotros, cómo te extraño, no puedo creerlo aún, Dios, ayúdame por favor te lo pido, dame una señal que está bien, que está en un mejor lugar, mi vida, mi alma, mi corazón, qué difícil la vida sin vos, qué hueco enorme dejaste. Jamás dejaré de pensar en vos.

Estás dentro mío y así te llevo y así tendré que seguirte amando sin verte, sin tocarte, sin oír tus risas, solo ver tus videos, tus fotos y con todo el amor que dejaste en nosotros y en mi corazón. Espero que donde te encuentres seas tan feliz o más que lo que fuiste acá mi vida. Que sigas por siempre con esa luz.

Te ama, mamá.

11/03/2020

Mi querido hijo:

Hoy hace cinco meses que no te escribo. Como ya sabes, te extrañé muchísimo, y dejé de hacerlo porque viajé a Argentina. Allá me fue imposible escribirte, no estaba en tu cuarto y me demandaba mucho tu sobrinito, Benjita, tu hermana y la familia.

Cuando venía de regreso a casa tenía la sensación de que ahí me estabas esperando junto a tu hermano Valentín. A pesar de que dentro de mí sabía que ya tu presencia no estaría, sentí mucha nostalgia cuando vi que la realidad era otra que ya no estabas como otros años junto a tu hermano esperando abrir las maletas para ver qué traía. Estaban mi esposo, tu hermano Vale, su novia y faltabas vos, qué raro se sintió todo. Ya dos años y medio sin verte, sin escuchar tus risas, tus abrazos, para qué pasó esto. Qué joven te nos fuiste, pasan los días, no estás, mi ángel, mi estrellita, mi universo. No dejes que te olvide ni un segundo de mi vida, no dejes que me pierda. Te amo, hijo.

26/11/2017

Hijo querido: Hoy es tu primer cumpleaños que no estás entre nosotros.

Nueve meses te lleve en mi vientre.

Y llego el gran día en que llegaste a este mundo.

Te llené de amor, cariño y cuidados.

Tu primer día de jardín, de mi mano llegaste, tus manitas temblaban de miedo con tan solo cuatro añitos.

Y así pasó el tiempo y fue tu primer día de clase de primer grado. Recuerdo tanto tu mirada, tus ojitos, llenos de lágrimas y tu boquita muy rígida. Cuando tocó el timbre para la entrada a las aulas me miraste y con tu manita me hacías «chau, mami».

Transcurriendo el tiempo, la vida, todas tus etapas, noches de desvelo, gripes, dolor de panza, siempre te cuidé, siempre te cobijé, hijo querido. Recuerdo tus goles, eran mi gratificación, y te fuiste haciendo más grande, creciendo día a día, mes a mes, siempre juntos, hijo, en las buenas y en las malas.

Luchando por cumplir tus sueños junto a tus hermanos. ¡Muchos momentos vividos y tantos sueños! Para que, en un parpadeo, en un segundo, partieras. No sé si es el destino, Dios, tu misión ya se cumplió en la tierra, no sé qué fue. Pero dejaste un tremendo vacío.

Hijo, hijo, qué pasó, ¿con todos los sueños, con todos los proyectos, con todas tus risas, a donde se fueron? Solo 22 años te cuidé, te amé, te protegí, y en un segundo te nos vas, dejando un hueco, un dolor terrible en la familia y en todos los que te queremos. Dios, ya no es lo mismo, ayúdanos, por favor.

Ahora yo me pregunto ¿para qué pasó esto? ¿Por qué? Yo creo que ahora que puedo ver con más claridad y poder sobrellevar el dolor siento que por algo tuvo que haber sucedido, espero darme cuenta algún día o saberlo o poder tener una respuesta acertada.

No dejes que olvide cada minuto de tu vida, no dejes que todo esto tan terrible quede en el olvido, no permitas, Dios mío, que pierda la memoria, déjame con cada instante vivido, con cada sonrisa, y que sigas dándome tu luz, esa magia, que día a día logro hacer.

Te amo, hijo.

POESÍA

MUERTE

Vestida de negro tan silenciosa.

Llega sin avisar, sin pedir permiso.

Te arranca de este mundo y no puedes con ella.

A veces es muy lenta y dolorosa.

A veces en un parpadeo. En un abrir y cerrar de ojos.

No le importa tu religión, ni raza, ni familia.

No le importa la madre del cual fuiste engendrado.

No le importa tu edad.

No le importa tus proyectos, tus sueños.

No le importa tu bondad.

Pero ella siempre existió y dejando en su camino un terrible dolor y desgarro en el corazón de los que quedamos vivos. Ella, solo ella, es la única que te arrebata, ella es la más vieja, no piensa, no tiene alma ni sentimientos ni dolor ni mucho menos amor.

Solo es ella, no habla, no ríe, no escucha, ni siquiera tus súplicas. Solo te toca y ya no regresas, nunca más… Sabes que se llama Muerte.

Oh, pero qué tonta eres, no te has dado cuenta de que solo te llevas un cuerpo.

Tan ridícula te miras, que solo duras segundos, y te quedas con una vestimenta en un suspiro, ya todos te abandonan, y los recibe una hermosa luz brillante con un bello rostro lleno de amor, llegando al reino celestial.

Ahí te esperan y te dan la bienvenida tus seres queridos, ahí se siente mucha paz y amor, la eterna plenitud, él es NUESTRO PADRE DIOS.

BUSCARTE

Buscarte, en la naturaleza, en una hermosa flor, en un amanecer,

En las nubes, en las montañas, en los árboles, y no poder verte, solo sentirte.

Eres parte de todo, de este universo, de una mañana, de un anochecer.

Mi corazón sigue con una estaca clavada en mi pecho, como un terrible ahogo que duele hasta respirar.

Puedo verte en tus hermanos, en tu sobrino, puedo ver parte tuya en ellos.

En una sonrisa, en un gesto, en una mirada.

Puedo ver mi rostro ya no es el mismo. Con una mirada perdida, con arrugas en el alma.

Con una leve sonrisa al recordarte y un toque de esperanza, llena mi alma. Y me pregunto ¿dónde quedaron esas sonrisas?

¿Dónde quedó aquel chico tan bueno, apuesto, inteligente? Y ahí me respondió, en mi corazón, en el corazón de todos lo que lo amamos, porque nadie muere si no es olvidado.

Gracias, hijo, por haber sido tu madre.

Gracias por tanto amor.

POEMA POPULAR ESCOCÉS

Puedes llorar porque se ha ido,

O puedes sonreír porque ha vivido.

Puedes cerrar los ojos y rezar para que vuelva,

O puedes abrirlos y ver todo lo que ha dejado.

Tu corazón puede estar vacío porque no lo puedes ver,

O puede estar lleno del amor que compartían.

Puedes llorar, cerrar tu mente, sentir el vacío, dar la espalda,

O puedes hacer lo que a él o a ella le gustaría:

Sonreír, abrir los ojos, amar y seguir.

AGRADECIMIENTOS

A mi hijo Javier

Gracias a tu gran amor y cariño que me diste, a tus abrazos y sonrisas, a tus palabras siempre tan cariñosas. Me hiciste ver que en tu ausencia podía tomar el asombroso camino de la tanatología. La verdad ha sido muy difícil por lo que implica, pero siempre te encontré y sé que me guías desde donde estás. Dejaste una gran huella en mi corazón y en todos los que te amamos, sé que la muerte es para los seres olvidados, vives en mi corazón, hijo mío. Hoy te dedico este libro en tu memoria para tu trascendencia, encontrándole un sentido a la vida. Esta obra es un testimonio y homenaje de amor para ti, hijo querido. Gracias por hacer de mí una mejor persona, compadecerme y ayudar a los demás, como te identificabas, tu hijo querido.

A mis hijos

Agradezco el apoyo brindado por mis hijos: Valentín, por acompañarme en los momentos más difíciles al darme su amor, compañerismo y haberse preocupado por mi salud, como así también a mi hija Victoria, quien radicó por un año en Ensenada. Decirles que los amo infinitamente con el corazón, son mis pilares así como también mi nieto Benjita, él me sacó muchas sonrisas y su amor tan puro y noble, ese amor de los niños que nos hace sentir una gran felicidad. A mi esposo Gustavo Melgoza Kennedy, mi amigo, compañero, confidente, mi remanso y su apoyo incondicional en mis decisiones.

Otras personas importantes en mi recuperación:
Padre Ramón Álvarez
Psicólogo Erik Romero
Tanatóloga Sonia Ramírez
Tanatóloga y psicóloga Karla Rodríguez
Amiga Fidelia Caamal
Gracias a todos los antes mencionados por sacar de mí lo mejor en esos momentos tan difíciles y ser parte de mi dolor, transformándome en la persona que soy hoy con fuerzas y energías renovadas para salir adelante día a día.

Autores consultados

«El camino hacia el desarrollo y la madurez humana está pavimentado con pérdidas y determinando en gran parte por nuestra forma particular de enfrentarlas».
Elsa Fonseca

Therese A. Rando. Psicóloga (desde 1970 ha recibido premios un entrenamiento avanzado en psicoterapia y consulta medica) ha recibido numerosos premios por sus contribuciones en el campo de la tanatología.

CARTAS, VIVENCIAS: DE SUS FAMILIARES Y AMIGOS PARA JAVIER

Carta 1

Javi:

En mi memoria quedaron recuerdos tristes y alegres, momentos que ahora pasan por mi mente. Al recordar lo vivido a tu lado quedó un silencio profundo, tu sonrisa, tu carisma, tu risa, tu elocuencia, tu pasión por el fútbol. Un gran ser humano, siempre preocupándonos el uno por el otro, además de ser de mi hermano, compañero de trabajo, cinco años en el restaurante La Hoguera. Hemos vivido tantas experiencias y por desgracia un corto tiempo en la Empresa Cristapuro, pero me enseñaste a valorar y a detener el tiempo en las cosas que tienen un impacto positivo en mi vida. Te voy a extrañar, aunque pensaba que ibas a ser mi hermano por muchos años más en este mundo, que mis hijos jugarían con los tuyos.

Te quiero, Javi, siempre vas a tener un lugar en mi corazón, hermano.

Descansa, que pronto vamos a estar unidos otra vez.

Valentín, tu hermano.

Carta 2

Querido hermano, no tengo las fuerzas suficientes para escribirte. Es un paso que aun, todavía, no puedo dar. Te extraño y te amo con todo mi corazón.

Tu hermana Vicky, o Mikelon, como solías decirme.

Gracias por haber ser mi hermanito.

Carta 3

26/07/2020

Javi: mi niño, como solía decirte, sabes, aún recuerdo muy bien el día que te conocí, un domingo de R1, en el Papas and beer. Yo iba con un grupo de amigos que dio la casualidad que tú también conocías a algunos de ellos. A mí siempre me ha gustado bailar sola, y ese día no fue la excepción. Me puse a bailar, cuando de repente llegaste tú y te paraste frente a mí, sin decir nada, solo nos pusimos a bailar, fue muy divertido, llegó el momento en el que yo me tenía que ir, y no querías que lo hiciera, pero me retiré del lugar sin decir nada más. Y, oh sorpresa, teníamos amigos en común, conseguiste mi Facebook.

Comenzamos a platicar y a salir, durante una larga temporada, te gustaba mucho ver y jugar al fútbol. Hicimos crecer una linda amistad. Éramos confidentes. Recuerdo cuando veíamos películas de terror en casa de mis papás, con mi hermana, ¡cómo nos reíamos después de los sustos que nos llevábamos por los nervios que te provocaban esa clase de películas! Javi, mi niño, hay tantos recuerdos bellos y agradables contigo, ya fuera en un café, un juego de fútbol, tu casa, la mía en el Valle, manejando, por llamada, un mensaje, etc. Mi niño (ahora que recuerdo al principio no te gustaba que te dijera así, ya después te acostumbraste y comenzaste a decirme igual, niña). Eras una persona que trasmitía alegría, siempre sacabas sonrisas, tan guapo y coqueto, lleno de sueños, de amor por tu familia, y claro que tenías tu carácter, cuando algo no te gustaba eras cosa seria.

Aunque un tiempo nos distanciamos, tú te hiciste de nuevos amigos, escuela y trabajo y yo diplomado, pero a pesar de ello siempre hubo un enorme cariño y cuando llegábamos a hablar por cel o nos encontrábamos, ya que vivíamos cerca, nos daba un gran gusto, me saludabas con tu «hola, guapa. Te extraño, niña». Podría seguir escribiendo un sinfín de cosas y lo maravilloso que eras de amigo. Te extraño mucho, Javi, me hace falta ese amigo confidente, que te motiva a luchar por lo que quieres. Porque tú eras así. Siempre luchabas por conseguir lo que querías a base de mucho esfuerzo y disciplina. Nunca te dabas por vencido, admiraba eso de ti. Ahora eres un ángel guapo que cuida de su familia y seres queridos. Por siempre en mi corazón y mente. Tu amiga que te quiere y extraña.

Dany, la contadora.

Carta 4

Javito

El más chico de mis sobrinos, en realidad no fue mucho el tiempo que compartimos juntos, pero bastó con tener un gran apego por tu forma de ser.

Cuando llegaste a Mar del Plata eras un jovencito de apenas trece años, un poco tímido, pero muy cariñoso y con muchísimo carisma, muy familiar y con tantas ocurrencias que nos hacías reír mucho.

Al poco tiempo me sorprendiste, querías ganar dinero, te presentaste en un trabajo el cual fuiste seleccionado, el mismo era para vender tiempo compartido, algo muy difícil de realizar, pero a tu corta edad te luciste por haber llegado a ser el mejor vendedor. Era algo impresionante como te soltaste, y lograste tanto en tan poco tiempo. Recuerdo que ponías arriba de la cama tu sueldo en forma de abanico. Estaba muy orgullosa de vos, de tu manera de trabajar y de tu gran desempeño. Te gustaba ahorrar y querías cumplir tu meta de juntar dinero para pagarte el viaje a México, donde ya vivían tus hermanos y trabajaban allí. Y lo lograste, sobrino. Tengo muchísimos recuerdos tuyos, entre ellos te burlabas de mis pizzas que siempre me salían con agujeros, te ponías en el ojo y nos hacías reír muchísimo. Otra cosa que me llamaba mucho la atención era tu responsabilidad, siendo tan chico, para despertarte e ir al trabajo. Tenías una alarma que decía: A TRABAJAR, JAVIER, A LEVANTARSE, JAVIER, con tu propia voz. Era muy chistoso escuchar eso. Luego para ducharte tenías una música de Los Piojos («Bicho de ciudad»), la cantabas y se te escuchaba muy feliz.

Javi, querido, siempre te recuerdo con un gran cariño, como un gran hombrecito. Es un orgullo para mí el haber tenido un sobrino tan inteligente, bueno y trabajador, y sobre todo buena persona. Fuiste, sos y serás un ejemplo no solo para mí, sino también para toda la familia, con esa creatividad, responsabilidad y tu gran carisma.

Te quiero mucho, Javier. Con amor, tu tía Lidia o Lircha, como solías llamarme.

Carta 5

En memoria de Javier Andrés M. Bruzzese

Fue en el año de 2011 en el mes de agosto aproximadamente en que conocí a Javier… de hecho, hacía aún un poco de calor para esas fechas. Fue por una petición de mi esposa, Laura Bruzzese, madre de Javier, para que él viniera a vivir con nosotros en la ciudad de Ensenada, ya que Javier radicaba en ese entonces en la ciudad de Monterrey.

Por lo anteriormente acordado con mi esposa, fue que Javier llegó a casa aquí en Ensenada. Debo decir que yo me encontraba un poco inquieto, nervioso y a la expectativa por conocer a Javier, ya que solo había oído hablar de él como un agradable y responsable joven. Pues bien, cuando llegó ese día en que llegó a casa para conocernos, la verdad yo no sabía qué decirle a Javier, quería que con pocas palabras él se sintiera realmente como en su casa, que de hecho desde ese momento ya lo era.

Javier también estaba un poco serio, al parecer tenso y posiblemente también nervioso, ya que en verdad no nos conocíamos bien ninguno de los dos, solo por referencias de la familia.

Debo decir que Javier desde el momento en que lo conocí me fue un joven muy agradable y su persona e imagen de inocente me inspiró mucha confianza en él. Con el pasar del tiempo nos fuimos conociendo más y mejor, como si en verdad fuéramos como padre e hijo. Javier desde un principio mostró su interés en la escuela. Estudió en la preparatoria (ITECI), donde egresó con un promedio general de 9,3 si mal no recuerdo. Javier fue un joven muy dedicado al estudio y al deporte, sobre todo al fútbol, que era su pasión, y al trabajo donde nunca falló.

De hecho, su mamá Laura, hoy gracias a Dios mi adorada esposa, lo fuimos a ver infinidad de veces jugar muchos partidos de fútbol. Javier siempre fue un joven con grandes proyectos, con mucha dedicación e imaginación en lo que emprendía o quería hacer, pero bien, con el tiempo Javier creció como todo joven.

Recuerdo que él se compró su primer auto, un Ford Escort de cuatro cilindros estándar, pero o… ¡sorpresa!, él no sabía conducir un auto, pero era tanta su ilusión por poseer uno que lo compró. Para entonces, Javier le pedía a su hermano Valentín que lo llevara a la escuela, al fútbol, a trabajar y a realizar sus múltiples actividades en ese auto. Como Javier ya se sentía un poco incómodo para que lo llevaran a hacer sus múltiples actividades, decidió vender el auto a su hermano Valentín. Con la venta de ese auto, Javier compró otro, un Nissan Sentra también de color blanco, un poco más viejo, pero este de transmisión automática.

Pero bien, como dije anteriormente, Javier no sabía conducir. Como yo veía que Javier tenía muchas y variadas actividades, me ofrecí a que aprendiera a conducir su auto. Recuerdo bien cómo cometía error tras error en la conducción, pero con tiempo y dedicación Javier empezó a conducir solo, aprendió bastante bien y le enseñé también un poco del reglamento de tránsito, al menos lo necesario.

Javier, a parte de estudiar, hacer deporte en especial el fútbol, y trabajar, también le gustaba pasear en sus ratos libres. Para esto Javier se compró otro auto, otro Ford Escort pero más deportivo, con el cual ya empezó a manejar autos con transmisión estándar o manual, y aunque le costó un poco de trabajo dominar este auto, lo logró ya que era un joven que todo lo que empezaba lo terminaba. Pasado el tiempo vendió este auto, y nos comentó que quería comprar otro, pero esta vez fue un VW Gol, del año y de transmisión manual.

Con ese auto recuerdo bien que Javier nos invitó a su mamá y a mí a viajar a un pequeño pueblo turístico llamado Puertecitos, en el Golfo de California. En ese lugar con sus aguas cristalinas, un cielo azul, despejado y con el agua más caliente que tibia, decidimos todos entrar al agua de ese mar a nadar entre sus colores verde turquesa y azul cielo. Disfrutamos tanto ese día y parte de la tarde como pocas veces lo habíamos hecho.

Javier para entonces se encargó de hacer la comida, una carne asada o parrillada estilo argentino, sin duda de lo mejor que Javier había preparado para nosotros en ese viaje.

Ese día fue sencillamente espectacular con la convivencia de Javier en esas playas, incluso Javier y su mamá conocieron las aguas termales de ese lugar entre las rocas y el romper de las olas en la playa. Ya entrada la tarde, casi para oscurecer, tomamos el camino de regreso a casa en Ensenada. Javier condujo todo el camino, como unas cuatro horas de manera segura, con música y una plática amena, alegre sobre la convivencia tan agradable que habíamos tenido ese día.

Recuerdo que Javier al ir conduciendo en la carretera bajo el manto de la oscuridad, pasando el poblado del Valle de la Trinidad, en una curva cerrada se encontraba una lechuza a la orilla de la carretera misma que de hecho nos asustó a todos ya que al toparnos con ella y al emprender el vuelo parecía se nos iba a venir encima. Después de pasar ese momento en que todos nos asustamos por un segundo, nos reímos como si nada hubiera pasado, seguimos con nuestro camino hasta llegar a casa sin novedad.

Pasado el tiempo, y después de haber convivido con Javier momentos de tristeza, así como de muchas alegrías durante algunos años, el día 7 de octubre de 2017 en las primeras horas de esa mañana nos llegó en voz de su hermano Valentín una noticia trágica, una desgracia que nunca nos podíamos haber imaginado.

Ese día perdimos a nuestro querido hijo Javier en un accidente automovilístico en la carretera camino a su trabajo donde Javier se desempeñaba como jefe de producción. El accidente ocurrió en el tramo San Antonio de Las Minas-Valle de Guadalupe en el km 86. Javier en esas fechas tan solo contaba con veintidós años, cursaba el quinto semestre de ingeniero industrial en la Universidad Autónoma de Baja California (UABC). En ese triste y fatal accidente quedaron truncos todos sus proyectos, ideas, su vida y muchas cosas más por realizar. Pero bien, no puedo hablar mucho más de Javier puesto que no me alcanzaría el tiempo como para hablar y describirlo plenamente, además de sentirme aún en estos momentos impotente, triste, como para poder transmitir a ustedes lo que fue realmente Javier.

Para terminar y para tan solo haber descrito una pequeña parte de la vida, obra y convivencia con Javier, puedo decirles que Javier, aunque no fue perfecto como todo ser humano, sí fue un joven estudioso, trabajador y respetuoso, que se supo ganar la confianza y amor de muchas amigas y amigos, maestros y compañeros de trabajo, así como el amor y respeto de su hermana Victoria, de Valentín y de nosotros como padres.

No quiero seguir más adelante con la historia y vida de Javier, solo sé que nos hace mucha falta en casa. En su recámara aún tenemos muchos recuerdos de él, su pelota de fútbol, su caña de pescar, sus zapatos y ropa de los diferentes equipos de fútbol, así como sus cenizas en una pequeña urna, nuestro hogar ahora se siente solo, triste y sin luz desde su partida.

Ahora Victoria, su hermana, regresó a Argentina donde actualmente reside, Valentín también rentó casa y aunque vive cerca de nosotros, no es lo mismo, nuestra casa se siente por completo vacía, sola, sin vida, nos hace mucha falta su presencia. Te extrañamos por siempre, ¡Javier!

Gustavo C. Melgoza Kennedy

Carta 6

Mi querido chamúyelo:

Si me pongo a recordarte, puedo verte entrar por primera vez al salón, ver tu cara que me encantó desde ese momento, luego tu forma de caminar un poco extraña, como si te balancearas de un lado a otro, no sé bien cómo explicarla, pero puedo recordarla claramente.

Si te empiezo a recordar, escucho de nuevo las palabras que dijiste cuando te presentaste y por las cuales no pude evitar emocionarme y poner toda mi atención hacia ti. Desde ese día yo solo quería que todo el mundo se callara y hablaras solo tú, cada cosa que decías simplemente me hacía sonreír. Cuando me pongo a recordarte, no hay nada mejor que volver a ir a esa «reunión» en la que te hablé por primera vez.

Antes de que entraras te miré desde la puerta estacionado en tu carro y yo no cabía de la emoción, regresé adentro dando saltos y dije «ya llegó el argentino». Nuestra primera foto junta fue en esa reunión. Si me pongo a recordarte te invito por primera vez a salir, diciéndote «tengo boletos 2 × 1 para el cine, ¿vamos?» Vuelvo a prestarte más atención (discretamente, claro) que a esa película de *Dioses de Egipto* te veo jugar vencidas en la maquinita del brazo robot y cómo le ganaste en el nivel experto, seguramente solo querías impresionarme.

Al recordarte solo puedo emocionarme al recibir tu respuesta: «Sí, claro, me encantaría» para ir a ver a Los Fabu. Camino por la calle Primera contigo para ir a pagar nuestros boletos, te vuelvo a escuchar cantar en voz alta «Siguiendo la luna» sin pena por la calle mientras yo voy sonriendo, pensando en que si hubiera sido cualquier otra persona me daría pena que lo hiciera y le diría que se callara. Si me pongo a recordarte, canto contigo «no es que tu mirada me sea imposible, tan solo es la forma como caminas» rodeados de gente pero que al que veo solamente y teniendo a Los Fabu enfrente, es a ti y que a pesar de tu tobillo lastimado me estuvieras cuidando de que no me aplastaran o me perdiera entre la gente. Me burlo de ti por las señoras que estaban al lado y se empezaron a acercar cada vez más a ti porque te les hiciste muy guapo y que luego no te dejaban en paz. Si me pongo a recordarte, escucho de nuevo, una y otra vez tus audios en donde tratas de explicarme cómo se pronuncia correctamente la palabra chamuyero, «cha-muyero». Si me pongo a recordarte dejo de ver la tele si me llamas para decirme «¿estudiamos en tu casa?» y cuando llegues toco para ti «La Veillée» en el piano. Si me pongo a recordarte, no me pierdo ni una sola «Chupi clase» solo para verte más tiempo, aunque nos hicieran sufrir al pasarnos al chupi pizarrón. Cambio a mi pareja de equipo sin avisarle solo porque tú me pides que sea tu equipo para hacer los sólidos en revolución con plastilina.

Cuando me pongo a recordarte me siento en esas escaleras mientras me prestas uno de tus audífonos y escuchamos «La guitarra». Si me pongo a recordarte, te veo caminar por la escuela con tu mochila de lado y tu Powerade en la mano. Si me pongo a recordarte, camino contigo por el malecón y luego nos detenemos a mirar el mar para que me cuentes de nuevo la historia de los «400 000» peces que a la vez me hace recordar lo dramático que eres y cómo los cerros casi se derrumban mientras ibas corriendo bajo la lluvia.

Si me pongo a recordarte, veo las fotos de tu cara cuando estás aburrido en el trabajo, cansado con sueño y soportando la música fea de los clientes. Si me pongo a recordarte, me das de nuevo mi abrazo de cumpleaños y que unos cuantos días después yo no me atreví a darte y solo pude decirte «Feliz cumpleaños, Chamuyero». Si me pongo a recordarte, vamos de caminata al rancho o al cañón, mientras veo cómo te diviertes como niño pequeño, subiendo un cerro y que después no puedes bajar, subiéndote a todos los juegos, posando como Spider Man. Si me pongo a recordarte, se llena mi cabeza de tantas cosas que vivimos juntos y que si escribiera todas aquí serían como 400 000 hojas.

Si me pongo a recordarte, solo puedo ver lo feliz que eras, tu forma tan sencilla de ser, cómo la pasabas bromeando, todos tus gestos, todos esos pequeños momentos.

Los detalles sin importancia son los que mejor recuerdo y a pesar de mi mala memoria, «¿cómo me voy a olvidar?» todos ellos están muy claros y los puedo vivir una y otro vez solo al recordarte, al leer de nuevo nuestra conversación siento como si todo estuviera pasando en ese momento, yo esperando tus respuestas con tanta emoción.

Tantas cosas me hacen recordarte, tantas canciones que te dediqué sin que supieras, los lugares a los que fuimos, las palabras que de repente se te ocurrían «patrañas, rayos, recorcholis», tu inglés casi perfecto «water of Jamaic» o «water of pepin and chia», todos los Celica que veo por la calle.

Si me pongo a recordarte, me vuelves a hacer la persona más feliz del mundo y solo puedo agradecerte por todo ese tiempo que tuve la oportunidad de compartir contigo, solo puedo decir que nunca me imaginé conocer a una persona que en tan poco tiempo se convirtiera en alguien tan importante para mí.

Te quiero, Chamuyero, te quiero como a nadie he querido y siempre lo haré.

Sinahi (chamuyera).

Carta 7

Javi, muchos seguimos sin entender por qué te fuiste. Nos dejaste un corazón apachurrado pero memorias muy bonitas y chistosas, fuiste parte de mi vida. Yo llegaba de la universidad, tú de tu trabajo y nos sentábamos juntos a esperar viendo la tele o jugando Xbox, pensando en qué íbamos a cenar, escuchar tus chistes o alguna ocurrencia que hacías. Cómo disfrutabas a flor de piel tus partidos de Independiente, ver cómo tomaban un tereré, «un delicioso tereré», las siestas grupales, jaja, me hicieron muy feliz. Cuando estaba a dieta, a escondidas me llevaste galletas jojana. Ese secreto sí te lo llevaste, nadie supo. Esa última noche que salimos todos juntos reímos y bailamos muchísimo, disfrutamos todos tu presencia, tus bailes, las bromas que hicimos ese día. Jamás voy a olvidarlo, la última vez que te escuchamos y vimos reír recuerdo muy bien que él no quería soltar tu mano, te jalaba, ojalá no la hubieras soltado cuando te pidió que te fueras a cenar con nosotros, para despertar, desayunar juntos y jugar todo el día Xbox, pero te necesitaban arriba. Gracias, Javi, porque fuiste parte muy importante, con un corazón enorme, fuiste de la familia y seguirás siéndolo, ¡el corazón más noble que he conocido! Jamás vamos a olvidarte 🤍

Valeria Campa.

Carta 8

Javi, mi querido amigo. Voy a escribirte dirigiéndome directamente a ti porque sé que desde donde estás estarás leyendo esta bella obra también. Cuando tu madre me preguntó si quería participar en el libro que estaba haciendo me sentí halagada y muy feliz, sin saber si mis líneas iban a quedar bonitas.

Compartimos uno de nuestros primeros trabajos en Mar del Plata. Recuerdo cuando llegaste, esa dedicación y la rapidez con que aprendiste todo y cada detalle, y cómo al poco tiempo sorprendías a todos destacándote en las ventas como el más jovencito y encima el más novato del equipo.

¿Tu conquista? Tu simplicidad y buen humor para los días de sol y de lluvia. Tu sonrisa… tu sonrisa y la mía juntas, hicimos esa especie de magia, nuestra complicidad. Y desde ahí, cerquita del mar y a 1500 km de mi familia yo conocía a mi nuevo mejor amigo.

A quien podía contarle mis secretos y ser yo misma, sin ser juzgada, a quien podía apretujar a abrazos que se los aguantaba, esas ganas de apretujar y apapachar me nacen solo con seres como vos, auténticos y genuinos. Y yo tenía a alguien a quien admirar de cerquita y compartir los buenos momentos y sobre todo los no tan buenos.

Buenos tiempos.

Puedo decir que éramos felices y lo sabíamos. Por lo menos, la mayor parte del tiempo. Teníamos la corta edad de la adolescencia, y empezábamos a sentirnos «libres», aun sin grandes responsabilidades y con la dosis justa de ignorancia a toda la realidad.

Tiempos que vuelan.

Seguimos creciendo, esta vez por caminos distintos. Vos viajaste a México y yo a Brasil. Ambos llenos de sueños. Motivados. Ansiosos por reencontrarnos en otro mar. Y cuando menos lo esperas, la misma vida y las circunstancias te obligan a ser fuerte.

Emocionalmente fuerte, mentalmente fuerte. Lo primero que pensé cuando supe lo del accidente y tu partida fue eso de que «Dios siempre se lleva a los más buenos para estar a su lado» y hasta hoy lo creo, porque para mí Dios es alguien maravilloso, sabio, de buen gusto y con un corazón noble, pero muchas veces es también injusto y egoísta. Quizás con el tiempo encuentre otras respuestas u otra forma de comprender lo que es injusto y egoísta, no lo sé.

Lo que sí sé es que hay algo sublime que ni él ni nadie ni nada podrá hacer desaparecer, ni aunque pasen los años y vayamos perdiendo la memoria, ni aunque este mundo se acabe. Algo presente, latente. Algo que trasciende los cinco sentidos y cualquier plano físico. La fuerza más grandiosa de todas. Estoy hablando del amor. Tu amor, ese amor sincero y puro, esa inteligencia de querer siempre el bien para los demás, de pensar en los que amabas y cómo ayudarlos, sin olvidarte de vos mismo y de cómo autosuperarte cada día. Para mí, Javi, ya eras el mejor y lo sabías porque tuve la suerte de recordártelo siempre.

Solo me resta decirte a vos y a quien esté leyendo tu historia lo grata que me siento al haber formado parte de tu recorrido aquí en la tierra, y lo grata que soy más aun por llevar presente conmigo tu amor. Sos infinito y eterno, Javi. Te amo.

Su, la Tucu.

Carta 9

Mil cosas podría rescatar de nuestra hermosa amistad, mil cosas que pueden llegar a ser constantes en todas las entrañables relaciones que se dan en las amistades. Pero existe algo que prometo jamás olvidarme, algo que, si cierro los ojos en este preciso momento, puedo escuchar con la vitalidad de siempre, y es tu risa, querido Javito, es esa carcajada alegre que nos marcó a fuego y de por vida. Porque estar con vos era reírnos de todo, era estar en el instante presente, lo demás no importaba. No existía dolencia o problema alguno que no transformáramos juntos en risas.

Evidentemente, querido hermano, la risa era lo que te pintaba de pies a cabeza, era tu carta de presentación ante la vida, inoportuna a veces, en especial cuando nos tentábamos en medio de las clases, pero no mostraba otra cosa que una profunda alegría.

Dejaste en Paraná, Argentina, muchos amigos que te quieren de verdad. No es escasa la vez en la que te recordamos. En ese momento existe una dualidad. Si estamos conversando de alguna experiencia en la cual el propio relato te nombra, se hace un ínfimo pero impenetrable y espeso silencio, como un vacío en el pecho, en el cual, tengo la certeza, recordamos alguna anécdota o picardía tuya y, como ya lo dije, nos provoca una risa interior muy visceral. Te extraño mucho, y vivís en mi memoria por siempre. Abrazo de gol.

Mariano T.

Carta 10

Javier:

Mis recuerdos fueron miles, todos cortos. Cuando íbamos a entrenar al club Paraná a jugar al fútbol y tomabas la leche en casa, en nuestro viaje de estudios, en el ciber, en la placita, siempre con tu gran carisma y tus risas. Una gran persona. Siempre te recordaremos.

Franco P.

Carta 11

Mi querido sobrinito Javi, me resulta tan difícil escribirte por el solo hecho de que ya no estás entre nosotros. Siempre me sorprendiste por tu gran empeño y dedicación al trabajo y tus estudios aun siendo tan chico con tantas responsabilidades. Tuve la fortuna de poder viajar a México en el año 2016, nunca imaginé que sería la última vez que te viera. Pasamos unos momentos inolvidables. Me llevaste a conocer tantos lugares. Las Cañadas, en ese complejo nos hiciste una rica parrillada junto con tu mama, cómo nos divertimos, no paramos de reír y disfrutar, también recorrimos muchos lugares más, como restaurants, paseos, en fin, fue algo maravilloso. Venías cansado de tu trabajo, pero eso no te detenía, querías que la pasara bien y conociera y lo lograste, recuerdo cuando me despediste, me tomaste de mis hombros y me dijiste «tía Arce, nos vemos el año que viene. Te quiero mucho, cuídate». Lamentablemente, regresé al próximo año pero ya habías partido, mi querido sobrinito. Siempre estarás en nuestros corazones. Fuiste un gran orgullo para mí. Un gran chico con todos los proyectos e ilusiones.

Hasta siempre, Javi, tu tía Arce.

Carta 12

Javito:

Recuerdo que eras un niño muy bueno y obediente. En realidad, en tu infancia yo te llamaba el observador, porque siempre lo hacías, muy cariñoso y siempre con tus risas y gran alegría. El día de tu comunión pasamos una tarde hermosa, estabas muy sonriente en la iglesia, te llamaron la atención varias veces, eras chiquito y muy simpático. Siempre te recordaremos.

Tu madrina Paty.

Carta 13

Amigo «Javi»

Tú eres una descripción gráfica del significado de amistad, ¿por qué? Es tan claro que si nos basamos en lo más básico nuestras emociones eran muy parecidas y nuestros pensamientos con los valores parecían invariables. Esto significó un gran cambio en nuestras vidas, ya que alcanzar una sincronía con otra persona te ayuda a identificar y mejora todos tus aspectos de tu vida porque tienes empatía hacia la otra persona, y esto ayuda a tener una confianza fuera de lo convencional, exactamente eso llegamos a hacer, una amistad fuera de lo convencional o se pudiera interpretar de igual manera como parte de ti y tu familia.

«Amistad» es un barco lo bastante grande como para llevar a dos personas con buen tiempo, pero para uno solo en caso de tormenta.

Como pudiera expresar nuestra amistad en unas simples palabras, tendría que durar unas quince páginas y no quiero ser aburrido ni monótono, a si que explicaré primeramente qué significó Javi para mi vida. Primeramente, se podía notar la gran nobleza que tenía, y un claro ejemplo se podía ver en sus partidos de fútbol, como en su vida cotidiana él jamás te dejaba solo, siempre estaba ahí a pesar de lo que estuviera pasando. Recuerdo algunos días donde ocupé a mis «amigos», el que llegaba primero y nunca faltaba era Javi, porque también a él le resaltaba la lealtad como muchos otros valores. Su carisma era algo inigualable porque él no es que fuese tímido, más bien pienso que le faltaba hacer un clic con alguien para desatar su locura. Un día nos fuimos a Six Flag, y él fue el alma de todo Six. La gente pensaba que era parte del elenco por la fiesta que siempre llevaba. Entre cantos y bailes, siempre tenía energía y más cuando Independiente jugaba. Era un placer ver los partidos con él porque lo vivía al límite siempre. Se quería meter a la pantalla y tengo videos que lo comprueban. Un día también estábamos en la calle y se le ocurrió ponerse una máscara del Santo. Íbamos calle por calle haciéndole el día más feliz para las personas que nos encontrábamos, porque así era él. Le encantaba ayudar y hacer feliz a las personas, pero no en una forma socialmente correcta, él lo hacía a su manera y eso es lo más hermoso porque quien tuviera un problema, Javi siempre estaba dispuesto a ayudar sin pensar en el costo. Tengo tantas historias, tantas anécdotas locas y divertidas, no sé si cuando te conocí fue una de sus etapas más lindas, pero estoy seguro que la mía sí lo fue, nos la pasábamos todo el día juntos, parecíamos una pareja litera, nos gustaba mucho salir a comer los dos, y la gente siempre nos miraba extraño, pero a nosotros no nos importaba, siempre nos la pasábamos ofendiéndonos ya que es parte de nuestro círculo social, pero no fuese otra persona que hablara mal de mí o él porque nos volvíamos locos. Era casi impensable todo el tiempo que pasábamos juntos y no nos aburríamos, podíamos estar jugando Xbox, viendo la TV, jugando fútbol o no estar haciendo absolutamente nada y aun así, jamás nos aburríamos. Recuerdo que siempre que me acompañaba con otras personas enamoraba a la gente alrededor, tenía esa luz, ese carisma, no juzgaba a las personas, solo las entendía y comprendía.

Alejandro M.

Carta 14

Javi: Después de un largo tiempo desde tu partida aprendí que la ausencia de un ser querido es una paradoja.

Debido a que en tu ausencia física tu presencia espiritual se hizo más fuerte en el corazón y las vidas de quienes te queremos.

Pude observar parte de tu esencia trabajando en el corazón de tu familia y aunque no se sustituye el deseo de volver a verte, Dios nos permite tener la esperanza fiel de reencontrarnos en otro momento, quizá en otros cuerpos y en otro lugar. Por ahora llevamos tu risa en el recuerdo, tu pasión para seguir y tu nobleza en nuestro día a día.

En tu memoria agradezco a la vida por haberte conocido, por formar parte de tu familia, por permitirme aprender de ti.

Gracias, Javi, por estar presente aun cuando no puedes estarlo.

Con amor, tu cuñada.

Ale.

Carta 15

Querido primito Javi: el más chico de mis primos. Hemos convivido casi un año diariamente. Bastó para tener esa complicidad, esas charlas y confidencias. Nos hemos reído muchísimo, me sorprendiste tanto cuando comenzaste a trabajar tan chico y a la vez tan responsable. Recuerdo que iba a buscarte a tu trabajo, me contabas muchas anécdotas y reíamos. Dejaste en mí un gran ejemplo de persona con todas tus cualidades y virtudes que te destacaban ese gran humor y perseverancia que te caracterizaba. Gracias, Javi, por todos los momentos vividos. Siempre te recordaré. Mi gran Javich, como te decía.

Con amor, tu prima Alfon.

Carta 16

Amigo

Javi: Hola, amigo, creo que he intentado hacer una carta para tu libro, pero se me es complicado expresarme totalmente, pero creo que puedo hacerlo si va dirigida a ti y creo que es correcto porque al final de cuentas no nos despedimos. Me dijiste que me verías al rato y pues adivina, ya pasó un rato un buen rato, pero tuve que entender que no vas a volver a este mundo mundano. Quiero creer en algún domingo religioso para poder estar más tranquilo por tu partida, pero creo que al final de cuentas nunca te fuiste y nunca te irás, porque dentro de mí tú vives, y dentro de tu mamá, tu hermano, mi hermano, etc. En cada uno de nosotros viven tus recuerdos, tus memorias, tus emociones y pensando bien las cosas nunca me dejaste, nunca me abandonaste, te seré sincero: cuando te fuiste nunca había llorado tanto y como no hacerlo si todo el tiempo estábamos juntos, íbamos a comer juntos, jugábamos fútbol juntos, jugábamos FIFA juntos, salíamos de fiesta juntos, bueno, hasta dormíamos juntos, hasta un día me reclamaste por dormir en otra parte jojana. Tengo tantas historias para contar juntos, pero todavía tengo en mi cabeza las promesas que nos hicimos. Teníamos tantos planes, tantos viajes, tantos aprendizajes, pero una vez más así es la vida. Ese día de tu partida hablé contigo y te abracé fuerte y te dije lo mucho que te quería, ¿por qué? La verdad no sé exactamente por qué venía días atrás pensando en eso, en cuán valioso eras para mí y en cierto punto estoy feliz por habértelo dicho. Ahora con quién gritaré los goles que le metan a tu equipo, ahora con quién bailaré ridículamente en las fiestas. Me acuerdo que siempre estabas con muchas dudas y siempre querías despejarlas, siempre querías aprender más y más y eso a mí me llenaba de felicidad, ya que éramos dos amigos intentando descubrir el mundo y como es que nos hicimos tan amigos, es fácil esa pregunta: eras tal para cual, muy similares, siempre te lo dije que yo juraba que pareciera como si en mi vida estuviera esperando siempre conocerte, cabrón, el tiempo de estar contigo ha sido de las mejores etapas de mi vida, tantas risas tantos aprendizajes, recuerdo que siempre después de cada reunión tú y yo subíamos al techo de mi casa a sentarnos en unas sillas de playa que estaban ahí, y ahí nos sentábamos a admirar las estrellas o lo que fueses que quisiéramos imaginar, y te seré sincero, no he vuelto a esas sillas, y al principio estaba muy molesto contigo por haberme dejado en este mundo solo, pero cuando pienso en ti y vuelvo a ver nuestros videos, y cuando comienzo a recordar todo lo que vivimos siento que me puedes sentir, Javi, tú sabes más que nadie mis posturas ante muchos temas del mundo, pero estoy seguro de algo, que nos volveremos a ver, ya sea que exista un cielo, pues ahí espérame, pero si renaces en la tierra estoy seguro de que nos volveremos a encontrar y sé que te dije lo mucho que te quería ese día, pero las palabras son insuficientes para demostrar el amor y agradecimiento que te tengo, Javi. Muchas gracias por hacerme parte de tu vida, muchas gracias por ayudarme a entender un poco más la vida y el mundo tan caótico, gracias por darme otra familia, gracias por verme y hacerme sentir que tenía otro hermano y no estés preocupado por tu familia, cualquier cosa en la que yo pudiera ayudar que ellos ocupen toda la vida estaré disponible para ellos, te quiero mucho.

Atentamente, tu hermano de otra madre.

Alejandro M.

ÚLTIMOS TÍTULOS PUBLICADOS:

Las ruinas del fuego (Pedro Valbuena)

Higthon (E. Moncluth y F. Villaro)

Cuando tus ojos no ven (Leonardo Vidal)

Luz en la oscuridad (Virginia Mancebo)

Oscura vida de Gatribell (Katherine Barra)

El forzado inicio de la era digital (Carlos Cáceres)

Gritos en el silencio de la esposa de un pastor (Olinka Córdoba)

Pisando serpientes (Ricardo Celis)

El lado oscuro de la sombra y otros ladridos (José Baroja)

La tierra que la vio nacer (Jacqueline Hernández Medina)

Dios, la esencia y la verdad (Liz Huerta)

Seúl: Diario de un amor (Melina Fuenmayor Gotera)

Alas en el corazón (Cristian Moreno)

Un desvío desde la soberbia (Héctor H. Carbajal)